高校教育管理的理论探索与研究

梁瑞瑶◎著

 中国商务出版社

北京

图书在版编目（CIP）数据

高校教育管理的理论探索与研究／梁瑞瑶著．
北京：中国商务出版社，2024.6. -- ISBN 978-7-5103-
5211-9
　Ⅰ.G640
　中国国家版本馆 CIP 数据核字第 2024D153F7 号

高校教育管理的理论探索与研究

梁瑞瑶　著

出版发行：中国商务出版社有限公司

地　　址：北京市东城区安定门外大街东后巷 28 号　　邮码：100710

网　　址：http://www.cctpress.com

联系电话：010—64515150（发行部）　010—64212247（总编室）
　　　　　010—64515464（事业部）　010—64248236（印制部）

责任编辑：徐文杰

排　　版：北京盛世达儒文化传媒有限公司

印　　刷：星空印易（北京）文化有限公司

开　　本：710 毫米×1000 毫米　　1/16

印　　张：12.75　　　　　　　　　字　　数：210 千字

版　　次：2024 年 6 月第 1 版　　　印　　次：2024 年 6 月第 1 次印刷

书　　号：ISBN 978-7-5103-5211-9

定　　价：79.00 元

前　言

　　高校是高素质创新型人才的培养基地，不仅是一个社会的轴心机构，还是其他各级教育的"领头羊"。因此，其自身现代化的实现对整个教育现代化有着积极的作用。在 21 世纪知识经济社会中，各国的竞争异常激烈，主要集中在科技竞争和人才竞争上，归根结底集中在教育竞争上，尤其是高等教育竞争上。因此，高等教育现代化的实现能够大幅提升国家的国际竞争力。实现高等教育现代化是一个复杂、长期的过程，高校教育管理现代化是其重要内容，所以在高等教育现代化实践中，需要对高校教育管理工作进行优化与提升。

　　近年来，随着信息技术的发展和应用，世界逐步进入网络化、信息化时代，既给教育领域带来了根本性变革，也给教育管理工作带来了新的机遇与挑战。高校教育管理是高校教育发展的关键因素。研究我国高校教育管理的历史和现状，必须聚焦于高校教育管理研究及其理论的发展状况，只有大力发展我国高校教育管理理论研究，才能使其更好地服务于高校教育。从一定意义上说，一个国家的高校教育管理理论研究的发展状况折射出并且决定着该国高校教育管理实践的整体水平。

　　本书共分为五章；第一章高校教育管理的概述，第二章高校教育管理的体制分析，第三章高校教育管理的时代机遇，第四章高校教学管理的质量发展，第五章高校教育管理的改革途径。

　　在编写过程中，收集、查阅和整理了大量文献资料，在此对学界前辈、同人和所有为此书编写工作提供过帮助的人员致以衷心的感谢。由于作者能力有限，编写时间较为仓促，书中如存在不足之处，衷心敬请广大读者给予理解和指教！

作　者

2024 年 1 月

目　录

第一章

高校教育管理的概述

第一节 高校教育管理的内涵与价值

高校教育管理是高等学校为实现人才培养目标而面向大学生实施的特殊的管理活动，有其特定的内涵和重要价值。

一、高校教育管理的内涵

研究高校教育管理，首先就要明确其内涵。而要全面、深入地把握高校教育管理的内涵，就要弄清高校教育管理的含义，了解高校教育管理的特点，明确高校教育管理的目标。

（一）高校教育管理的含义

管理，就其字面意义而言，就是管辖、处理的意思。管理的涉及面极其广泛，人们往往按照某种需要、从某种角度来看待和谈论管理，因此，对管理也就形成了多种不同的解释。即使是在管理学界，对管理也有多种不同的定义。有的从管理职能和过程的角度，认为管理是由计划、组织、指挥、协调和控制等职能为要素组成的过程；有的强调管理的协调作用，认为管理是在某一组织中，为完成目标而从事的对人与物质资源的协调活动；有的突出组织中的人际关系和人的行为，认为管理就是协调人际关系，激发人的积极性，以达到共同目标的一种活动；有的从决策在管理中的重要地位的角度出发，认为管理就是决策；有的从系统论的角度出发，认为管理就是根据一个系统所固有的客观规律，施加影响于这个系统，从而使这个系统呈现一种新的状态的过程。这些不同的定义，从各个不同的角度揭示了管理活动的特性。

综合上述各种观点，我们可以对管理的概念做如下表述：管理是在一定的社会组织中，人们通过决策、计划、组织和控制，有效地利用人力、物力、财力、时间和信息等各种资源，以达到预定目标的一种社会活动过程。

高校教育管理是高等学校管理的一个重要组成部分，也是高等学校人才培养工作的一个重要环节。因此，高校教育管理既具有管理的一般本质，又有其自身的特殊本质。这主要表现在以下几点。

（1）高校教育管理是在高等学校这一特定的社会组织中进行的。任何管理活动都是在一定的社会组织中进行的。正如马克思所说："凡是有许多个人进行协作的劳动，过程的联系和统一都必然要表现在一个指挥的意志上，表现在各种与局部劳动无关而与工场全部活动有关的职能上，就像一个乐队要有一个指挥一样。"高等学校是系统培养专门人才的社会组织，大学生的教育和培养是其首要的和基本的任务。高校教育管理也就是高等学校为实现这一任务而进行的特殊的管理活动。

（2）高校教育管理的目的是实现高等学校的人才培养目标，促进大学生的全面发展。管理总是有一定目的的，管理的目的就是要实现一定社会组织的某种预定目标。世界上既不存在无目标的管理，也不可能实现无管理的目标。高校教育管理作为高等学校人才培养工作的一个重要环节，其目的就是要实现高等学校在人才培养方面的预定目标，促进大学生的全面发展，使之成为德智体美劳全面发展、富有创新精神和实践能力的中国特色社会主义事业的建设者和接班人。

（3）高校教育管理的实质是要有效地利用学校的各种资源，为大学生的成长成才提供指导和服务。高校教育管理的任务是要为大学生顺利完成学业、健康成长成才提供各方面的指导和服务，包括对大学生行为和大学生群体的引导、为家庭经济困难学生提供的资助服务、为毕业生提供的就业服务等。为此，就需要通过科学的决策、计划、组织和控制，有效地利用学校的各种资源，包括人力、物力、财力、时间和信息等。综上所述，所谓高校教育管理，也就是指高等学校为实现人才培养目标，促进大学生全面发展，通过决策、计划、组织和控制，有效地利用各种资源，为大学生成长成才提供各种指导和服务的社会活动过程。

（二）高校教育管理的特点

高校教育管理作为高等学校为实现人才培养目标而为大学生提供的引导与服务，有其自身显著的特点。

1. 突出的教育功能

高校教育管理是高等学校人才培养工作的重要组成部分，因此，高校教育管理既具有管理的属性，又具有教育的属性，有着突出的教育功能。

（1）高校教育管理的目标服从和服务于大学生教育的目标。大学生是为了接受大学教育而跨进大学之门的，高校教育管理则是高等学校为实现大学生教育目标，促进学生圆满完成大学学业而实施的特殊管理活动，因此，高校教育管理的目标必然服从和服务于大学生教育的目标。一方面，大学生教育目标是制定高校教育管理目标的基本依据。实际上，高校教育管理目标，也就是大学生教育目标在高校教育管理活动中的贯彻和体现，是其在高校教育管理领域的分目标。离开了教育目标，高校教育管理也就偏离了方向。另一方面，大学生教育目标的实现有待于高校教育管理目标的实现。高校教育管理是实现大学生教育目标的重要手段，只有通过有效的管理，建立和保持正常的教育教学和生活秩序，充分调动大学生学习的积极性和主动性，为大学生提供各种必要的指导和服务，才能保证学校教育教学活动的顺利进行和学生的健康成长。没有有效的高校教育管理，教育目标也就不可能实现。

（2）教育方法在高校教育管理方法体系中具有突出的作用。教育方法是包括高校教育管理在内的现代管理活动中最经常、最广泛使用的一种基本手段。这是因为，一切管理活动都离不开人，而人是有思想的，人的活动总是由一定的思想意识支配的。正如恩格斯所说："推动人去从事活动的一切，都要通过人的头脑。"因此，任何管理活动都要坚持思想领先的原则，注意做好人的思想工作，通过影响人的思想去引导和制约人们的活动。而高校教育管理作为大学生教育和培养工作系统中的一个重要组成部分，也就必然要更加注重运用教育的手段，以增强高校教育管理的实效性。同时，教育方法也是高校教育管理中其他方法顺利实施并收到实效的基础。高校教育管理的法律方法、行政方法和经济方法的实施，一般都要伴之以思想道德教育，才能收到良好的效果。正如毛泽东同志所说："为着维持社会秩序的目的而发布的行政命令，也要伴之以说服教育，单靠行政命令，在许多情况下就行不通。"

（3）高校教育管理过程同时也是教育大学生的过程。高等学校是教育和培养专门人才的场所，高等学校的一切工作都应当对学生起到良好的教育和影响作用。直接面向大学生所实施的高校教育管理工作，当然更是如此。事实上，在高校教育管理过程中包含着十分丰富的教育因素。高校教育管理过程中所贯彻的以人为本、民主法治、公正和谐的理念，所体现的从学校和学生的实际出发、遵循教育规律和管理规律、实事求是的科学精神，所采用的民主管理、依法管理、科学管理的方法等都会对学生起到潜移默化的作用。高校教育管理过程中所实行的依据大学生成长成才的规律和要求制定的各项规章制度，都会对大学生起到思想导向、动机激励和行为规范的作用。高校教育管理过程中管理人员的情感、态度和言行也会对大学生起到表率和示范作用。可见，高校教育管理的过程同时也是教育学生的过程，并直接影响着大学生思想品德的形成与发展。

2. 鲜明的价值导向

高校教育管理总是为一定社会培养人才提供服务的，高校教育管理的目的、管理体制和管理形式总是受到社会的经济基础、政治制度和意识形态的制约。因此，高校教育管理必然具有鲜明的价值导向，它总是贯穿并体现一定社会的主导价值体系，并直接影响大学生价值观的形成、变化与发展。我国是人民民主专政的社会主义国家，我国的高等学校是为社会主义建设事业培养专门人才的。这就决定了我国的高校教育管理必然要坚持社会主义的价值导向。具体地说，高校教育管理的价值导向主要体现在以下几个方面。

（1）高校教育管理的价值导向集中体现在管理目标中。目的性是人类实践活动的基本特征。而人的实践活动的目的，总是基于一定的需要和对实践对象的属性及其变化趋势的认识与判断，因此总是体现一定的价值观念。高校教育管理的目的同样如此。事实上，高校教育管理的目的以及作为其具体展开的整个目标体系，都是基于一定的价值观念确定和设计的，都贯穿和体现一定的价值观念和价值追求，因此，高校教育管理的价值导向不仅对管理者的管理行为和大学生的日常行为起到导向、激励和评价作用，而且会对大学生价值观的形成和发展起到重要的引导和促进作用。例如，建立和维护良好的教育教学和生活秩序是高校教育管理的重要目标，这一目标就体现了"有序"的价值，因此这一目标的执行，又会促进大学生形成"有序"的观念。同时，高校教育管理是大学生教育的重要环节。为谁培养人，培养什么样的人，始终是大学生教育的首要问题，当然也是高校教育管理的首要问题。显然，对这个问题的解决，必然鲜明地体现着一定的价值观念和价值追求。在我国现阶段，也就是要体现社会主义核心价值体系，体现实现中国特色社会主义的共同理想对人才培养的要求。因此，我国高校教育管理的目标也必然要体现社会主义的价值导向。

（2）高校教育管理的价值导向突出体现在管理理念中。高校教育管理理念是高校教育管理的指导思想，直接制约高校教育管理的原则和方法。而高校教育管理理念也总是体现了社会的价值体系，并往往是社会的先进的价值观念在高校教育管理中的贯彻和体现。例如，高校教育管理中的"以人为本"的理念，就是我们党所坚持的"以人为本"的价值观念在高校教育管理中的贯彻和体现。在高校教育管理中全面贯彻"以人为本"的理念，坚持做到"关心人、尊重人、依靠人、发展人、为了人"，必然会对学生正确认识人的价值，确立"以人为本"的价值观念产生积极影响。

（3）高校教育管理的价值导向具体体现在管理制度中。科学而又严密的规章制度，是高校教育管理的基本手段，是高校教育管理规范化、制度化和法制化的基本保证和主要标志。而管理规章制度总是人们在一定的价值观念指导和影响下制定出来的，总是体现一定的价值导向，具体表现为要求大学生做什么、不做什么；鼓励和提倡做什么，反对和禁止做什么；奖励什么样的行为和表现，惩罚什么样的行为和表现等。高校教育管理制度中的这些规定无不体现着鲜明的价值导向。2005年，教育部修订的《高等学校学生行为准则》，明确要求大学生要做到：志存高远，坚定信念；热爱祖国，服务人民；勤奋学习，自强不息；遵纪守法，弘扬正气；诚实守信，严于律己；明礼修身，团结友爱；勤俭节约，艰苦奋斗；强健体魄，热爱生活。显然，这些对大学生行为的基本要求，鲜明地体现了社会主义的价值导向。

3. 复杂的系统工程

同任何管理活动一样，高校教育管理也是一项系统工程，具有整体性、层次性、动态性和开放性。同时，高校教育管理又有其特殊的复杂性，因此是一项十分复杂的系统工程。

（1）高校教育管理的任务是复杂的。既要紧紧围绕大学生的中心任务，加强对学生学习行为和实践活动的管理和引导，又要切实为大学生的健康成长着想，加强对学生日常行为包括交往行为、消费行为、网络行为的管理和引导，及时发现、矫正和妥善处理学生的异常行为；既要加强对大学生现实群体包括学生班级、学生党团组织、学生社团和学生生活园区的管理和引导，又要适应网络时代的新情况，加强对大学生以网络为平台形成的虚拟群体的管理和引导；既要对大学生在校园内的安全加强管理和引导，又要为大学生在校外的安全提供必要的指导和督促；既要做好面向全体学生的奖学金评定工作，以充分调动学生的学习积极性，又要做好面向家庭经济困难学生的资助工作，以帮助他们顺利完成学业；既要引导新生科学制订职业生涯规划，明确努力的具体目标，又要为毕业生提供就业、创业指导和服务，使学生能够在合适的岗位上施展自己的身手、实现自身的价值。总之，高校教育管理渗透于大学生专业学习和日常生活的各方面，贯穿于大学生培养工作的所有环节和全部过程，其任务是复杂而又艰巨的。

（2）大学生是具有明显差异和鲜明个性的。高校教育管理的对象是大学生，而大学生有着显著的差异和鲜明的个性。他们各有其特殊的精神世界和思想感情，有着不同的气质、性格、兴趣、爱好和习惯。即使是同一个年级、专业、班级的学生，由于他们各有其特殊的生活条件和生活经历，他们的思想行为也各有特点。同时，随着自主意识的增强，大学生普遍崇尚个性，追求个性的自由发展和完善。对同一学生而言，在成长变化不同的历史时期有着不同的特点。因此，高校教育管理就不可能按照完全统一的要求、规格和程序来进行，而要善于根据大学生的个性特点，因人制宜，因势利导，有针对性地开展工作。这就使高校教育管理具有了特殊的复杂性。

（3）影响大学生成长的因素是复杂的。高校教育管理的目的是要促进大学生的健康成长，而影响大学生成长的，不仅有学校教育因素，还有外部环境因素。外部环境的构成因素是复杂的。在现实世界中，所有与大学生的学习、生活、活动和交往有关的环境因素，都会或多或少地对大学生的成长产生影响。其中，有社会的因素，也有自然的因素；有物质的因素，也有精神的因素；有经济的、政治的因素，也有文化的因素；有国际的、国内的因素，也有家庭的、学校周边社区的因素；有现实的因素，也有历史的因素。尤其是随着现代信息技术的迅猛发展，世界越来越紧密地联系在一起，大学生可以方便快捷地获取来自世界各地的信息，因此，影响大学生思想行为及其成长的环境因素也就更为广泛，更为复杂。同时，外部环境对大学生的影响也是复杂的。一是其影响的性质具有多重性。其中，有积极影响，也有消极影响，二者往往交织在一起，同时发生作用。同样的环境因素相对于不同的大学生可能会产生不同性质的影响。例如，富裕的家庭经济条件对许多大学生而言是顺利完成学业的有利条件，但对有的大学生来说，则成为铺张浪费、过度消费甚至不思进取、荒废学业的重要原因。二是其影响的方式具有多样性。既有直接的影响，又有间接的影响；既有显性的影响，又有隐性的影响；既有通过对大学生思想情感的熏陶发生作用的，又有通过对大学生行为的约束发生作用的。凡此种种，不一而足。因此，在高校教育管理过程中，管理者不仅要善于对大学生的学习和生活进行正确的指导，而且要善于正确认识和有效调控各种环境因素对大学生的影响，尽可能充分利用其对大学生的积极影响，防止、抵御和转化其消极影响。显然，这是一项十分复杂的工作。

4. 显著的专业特色

高校教育管理传统上是经验性的事务型工作，但由于高校教育管理有其特殊的管理对象、特殊的内在规律和特有的方法体系，决定了必须形成高校教育管理专业视角、使用专业方法、形成专业研究模式。因此，大学生工作管理是专业性很强的工作。

（1）高校教育管理有其特殊的管理对象。高校教育管理的对象是大学生，而大学生有着区别于一般管理对象的显著特点。一是大学生是具有高度自觉能动性的人。大学生具有强烈的自主意识、突出的独立意向和较高的智力发展水平，崇尚独立思考，要求自主自治。在高校教育管理过程中，大学生不仅是接受管理的对象，也是积极活动的主体。对于管理的要求和规章，对于管理者施加的指导和督促，他们总要经过自己的思考，作出自己的评价、选择和反应。更重要的，他们还会主动积极地参与到管理活动中，自觉地接受管理和实行自我管理。这就要求在高校教育管理中必须着力激发和引导大学生的自觉能动性，使他们能够自觉地顺应高校教育管理的目标和要求，主动接受管理，积极开展自我管理。二是大学生是正处于成长和发展关键时期的人。他们的心理日趋成熟但尚未完全成熟，智力迅速发展，情感日益丰富，自我意识显著增强，但又存在诸如理智与情绪的矛盾、自我期望与自身能力的矛盾等心理矛盾。他们正处于思考、探索和选择之中，世界观、人生观和价值观正在形成，思想活动具有显著的独立性、敏感性、多变性、差异性和矛盾性。他们即将走上社会，正在做进入职场、全面参与社会劳动实践的最后准备。可见，大学生有着既不同于少年儿童，又区别于成人的特点。同时，也正是由于大学生还处于趋向成熟的过程之中，因此在他们身上又蕴藏着各方面发展的极大的可能性，有着发展的巨大潜力。这就要求在高校教育管理中，要针对大学生的特点，切实加强并科学实施对大学生的指导和服务，以促进他们的健康成长，并使他们的身心获得最佳的发展。三是大学生是以学习为主要任务，并在教师的指导下进行自主学习的人。大学生的主要职责是学习，大学生的学习是由教师指导的、按照一定的制度和规定有目的、有计划、有组织地进行的。同时，大学生可以按照学校的有关规定自主地选修课程，自主地支配大量的课外学习时间。因此，大学生的学习不仅需要掌握科学的学习方法，而且需要高度的学习自觉性和有效的自我管理。这就要求高校教育管理紧紧围绕大学生的学习任务，切实加强对大学生学习行为的指导和管理。

（2）高校教育管理有其特殊的内在规律。这是由高校教育管理自身的特殊矛盾所决定的。高校教育管理的特殊矛盾就是社会基于对专门人才的需要而对大学生在行为方面的要求与大学生行为实际状况之间的矛盾。这一矛盾存在于一切高校教育管理的活动之中，贯穿于一切高校教育管理过程的始终，决定着高校教育管理的全局。它构成了高校教育管理的基本矛盾，也是高校教育管理区别于其他社会实践活动的特殊矛盾。高校教育管理就是为解决这一矛盾而专门进行的特殊社会实践活动。因此，高校教育管理作为一种管理活动，固然要遵循管理的一般规律，但又有其区别于其他管理活动的特殊规律。高校教育管理作为一种人才培养的手段，固然要遵循教育的一般规律，但又有其区别于其他教育活动的特殊规律。这就需要对高校教育管理的特殊规律，进行专门的探索和研究。高校教育管理理论研究的任务，就是要揭示高校教育管理的特殊规律。

（3）高校教育管理有其特有的方法体系。高校教育管理所具有的特定的管理对象和特殊的管理规律，决定了高校教育管理有其特有的方法体系。由于高校教育管理工作涉及面极其广泛，具有很强的综合性，因此需要掌握管理学、教育学、心理学、社会学等多方面的理论方法和技术。但高校教育管理的方法体系又不是这些学科方法和技术的简单拼凑和机械相加，而是需要在系统掌握这些学科理论、方法和技术的基础上，针对大学生的特点，依据高校教育管理的特殊规律和具体实际，把它们有机地结合起来加以综合运用，从而形成自己特有的方法体系。

（三）高校教育管理的目标

高校教育管理目标是一定时期内实施高校教育管理活动所要达到的预期结果。高校教育管理目标是高校教育管理过程的指向、核心和归宿，规定着高校教育管理的方向和任务，制约着高校教育管理的手段和方法。科学地确定并正确地把握高校教育管理的目标，是实施高校教育管理的前提，是提高高校教育管理效益的关键。

1. 确定高校教育管理目标的依据

高校教育管理目标作为高校教育管理活动所要达到的预期结果，其形式是主观的，但它的确定并不是主观随意的，而是围绕高等学校的人才培养目标，依据社会发展的客观要求和大学生自身发展的客观需要而制定出来的。

（1）高等学校的人才培养目标是确定高校教育管理目标的直接依据。高等学校的人才培养工作是一项十分复杂的系统工程，高校教育管理作为这一系统的重要组成部分，其目的就是要为大学生提供各种指导和服务，以保证学校人才培养目标的实现。因此，高校教育管理目标的确定也就必然要以高等学校的人才培养目标为依据。实际上，高校教育管理目标，也就是高等学校人才培养目标在高校教育管理领域中的体现和具体化。

（2）社会发展的客观要求是确定高校教育管理目标的根本依据。这是因为，高等学校的人才培养目标，归根结底是由社会发展的客观要求所决定的。同时，大学生发展的基本趋势和总体状况归根结底取决于社会发展的状况及其对人才素质的客观要求。而高校教育管理的实质就是要引导和帮助大学生充分利用社会所提供的各种条件，发展和完善自己，以适应社会发展的客观要求。我国正处于并将长期处于社会主义初级阶段。在社会主义初级阶段，中国共产党和中国人民的历史任务是：以经济建设为中心，坚持四项基本原则，坚持改革开放，自力更生，艰苦创业，为把我国建设成为富强、民主、文明、和谐的社会主义现代化国家而奋斗。建设社会主义现代化国家，实现中华民族的伟大复兴，需要德智体美劳全面发展的专门人才。我国社会主义事业发展的这种客观要求，是我们制定高校教育管理目标的根本依据。

（3）大学生自身发展的需要是确定高校教育管理目标的重要依据。高校教育管理目标的确定，在主要依据社会发展需要的同时，还应当兼顾大学生自身发展的需要。首先，大学生是正处于发展之中的、具有鲜明个性的人。他们都有自己的思想感情、兴趣爱好和理想追求，都有丰富和发展自己的迫切需要。社会主义和共产主义的本质也就是要使人的个性得到充分、自由的发展。因此，高校教育管理的目标也就必然要体现大学生自身发展的需要。其次，大学生既是管理的对象，又是能动的主体。高校教育管理目标能否实现，关键就看它能否激发大学生自我管理的主动性和积极性。为此，高校教育管理目标，就必须体现大学生受教育者自身发展的需要。只有这样，外在的管理目标才能转化为大学生自身的内在追求，从而激励大学生自觉地开展自我管理，不断地奋发努力。

2. 高校教育管理的目标体系

高校教育管理目标按其地位和作用范围，可分为总目标和分目标。高校教育管理的总目标是高校教育管理的全部活动所要达到的预期结果。高校教育管理的分目标则是各个领域、各种层次以及各个阶段的高校教育管理活动分别所要达到的预期结果。总目标是分目标的基本依据，分目标是总目标的分解和具体化；总目标调节和控制着分目标的执行，总目标的实现又有赖于各个分目标的实现。高校教育管理的总目标和分目标相互联系、相互作用，构成了高校教育管理的目标体系。

（1）维护高等学校正常的教育教学秩序和生活秩序，是高校教育管理的直接目标。任何管理活动的直接目标或第一个目标都是建立和维护组织的正常秩序。事实上，管理活动的产生就是为了规范和协调人的行为，以使组织的各项活动能够围绕组织的目标，按照一定的制度和规定有条不紊地进行。这就像一个乐队总要有一个指挥，而指挥的目的就是要使乐队全体成员的演奏都能够按照乐谱的规定和要求有序地进行。同样，高校教育管理的直接目的也就是要引导、规范和调控大学生的行为，建立和维护高等学校正常的教育教学和生活秩序，以使学校的各项教育教学活动和学生的学习与生活能够有序地进行。

（2）保障学生的身心健康，是高校教育管理的基本要求。身心健康包括生理健康和心理健康，是生理健康和心理健康的有机统一。生理健康是心理健康的物质基础，心理健康是生理健康的精神支柱。身心健康是人的全面发展的基础和内在要求。一个人，没有强健的体魄、振奋的精神和坚强的意志，就谈不上全面发展，也不可能成为适应社会需要的全面发展的高素质人才。保障大学生的身心健康是培养社会合格人才的内在要求，是大学生自身成长成才的迫切需要。当代中国大学生大多为独生子女，他们是一个承载社会、家庭高期望值的特殊群体。他们自我定位比较高，成才欲望非常强，但社会阅历比较浅，心理发展尚未成熟，极易出现情绪波动。随着经济社会的发展，特别是涉及大学生切身利益的各项改革措施的实行，大学生面临的社会环境、家庭环境和学校环境日益纷繁复杂，面临的学习、就业、经济和情感等方面的压力越来越大，不可避免地会影响他们的心理乃至生理健康。因此，加强高校教育管理，为大学生的学习、就业和日常生活提供必要的指导和服务，保障大学生的身心健康，也就具有尤为重要的意义。

（3）高校教育管理的分目标具有复杂多样性，主要有以下几种类型。

①按高校教育管理的工作内容确定的分项管理目标。高校教育管理是一项复杂的系统工程，具有多方面的工作内容，包括大学生行为管理、大学生群体管理、大学生安全管理、大学生资助管理和大学生就业管理等。这就需要把高校教育管理的总目标分解到各个具体工作领域之中，以形成各项管理工作的具体目标，从而通过各项具体目标的达成，以实现学生管理的总目标。具体说来，大学生行为管理的目标是，引导大学生自觉践行大学生行为规范，养成良好的行为习惯；大学生群体管理的目标是，引导大学生群体形成体现大学精神、积极向上的群体文化，开展丰富多彩、健康有益的群体活动，充分发挥对大学生成长成才的积极作用；大学生安全管理的目标是维护学校稳定，保障学生安全，建设平安校园；大学生资助管理的目标是为贫困大学生提供基本的经济保障，促进他们健康成长和顺利成才；大学生就业管理的目标是引导毕业生树立正确的就业观念、增强职场竞争能力，帮助他们顺利找到合适的职业岗位。

②按大学生培养过程的不同阶段确定的阶段性管理目标。大学生的培养过程具有明显的阶段性，各个阶段具有各自的工作重点，而不同学习阶段的大学生也各有其自身的特点。这就需要依据高校教育管理的总目标和大学生培养过程的内在规律性，科学地确定各个阶段高校教育管理的具体目标，并使之环环相连、紧密衔接、循序渐进。就本科生管理而言，在一年级应注重引导学生实现角色转换，尽快适应大学的学习和生活；在二年级，应注重引导学生依据社会需要确定自己的奋斗目标，对未来的职业生涯做出初步规划，全面提高自己的知识素养和能力，有目的地发展自己的兴趣和特长；在三年级，应注重引导学生认识自身素质与社会需求的差距，抓紧时机，完善自己，提升自我；在四年级，应注重引导学生客观全面地分析自身情况，为就业或升学做好充分准备。

③按高校教育管理主体的具体分工确定的具体工作目标。高校教育管理目标的实现有待所有学生管理部门和全体学生管理工作者的共同努力。在高校教育管理工作系统中，每一个部门、每一位管理者，都有其特定的工作领域和工作职责。为了充分发挥所有部门和全体管理者的作用，并使他们紧密配合、形成合力，就要把高校教育管理的总目标层层分解并落实到各个部门和各位管理者，形

成部门和管理者的具体工作目标。如学生工作部（处）工作目标、学校团委工作目标、教务处学生管理工作目标、学生会工作目标、辅导员及班主任工作目标等。并使他们各司其职，相互配合，形成管理合力。只有这样，才能引导和协调学校中各方面的力量，以保证高校教育管理总目标的实现。

二、高校教育管理的价值

高校教育管理对社会进步、高等学校发展和大学生成长、成才都有着重要的意义和价值。全面认识高校教育管理的价值，是高校教育管理研究的重要课题，也是切实加强和改进高校教育管理的重要思想基础。

（一）高校教育管理价值概述

价值本来是一个经济学的范畴。它是伴随着商品生产的出现而产生的。在经济学领域中，价值指的是凝结在商品中的无差别的人类劳动。现在，价值范畴已经广泛地运用于社会政治、法律、道德、科技、教育和管理等各个领域之中，成了人们评价一切事物的一个普遍的范畴。因此，价值范畴又具有了哲学意义上的新的内涵。在哲学意义上，价值是指客体对于主体的作用和意义，它体现了客体的属性和功能与主体的需要之间的一种特定关系，即客体属性和功能对主体需要的满足关系。价值作为一个关系范畴，不能离开主客体中任何一方而存在。一方面，价值离不开主体，主体的需要是衡量价值的尺度，只有能够满足主体需要的事物或对象，才具有价值；另一方面，价值也离不开客体，客体的属性和功能是价值的载体。价值的实质，也就是客体的属性和功能对主体需要的满足。

高校教育管理的价值是指高校教育管理对于社会、高等学校和大学生所具有的作用和意义，也就是高校教育管理的属性和功能对社会进步、高等学校发展和大学生成长、成才需要的满足。高校教育管理价值的客体是高校教育管理本身。高校教育管理具有能够对大学生的成长和发展、对高等学校实现教育目标、对培养社会合格人才发挥作用的属性与功能。正是高校教育管理的这些属性和功能构成了高校教育管理价值的基础。高校教育管理价值的主体是社会、高等学校和大学生。高等学校是高校教育管理的实施者。高等学校之所以要实施高校教育管理，就根源于实现教育目标的需要，而高校教育管理则具有能够满足这种需要的属性和功能。因此，高等学校也就成为高校教育管理价值的主体。同时，高等学校的教育目标又是依据社会对专门人才的要求和大学生自身发展的需要制定的，因此，社会和大学生也就都成为高校教育管理的主体。

高校教育管理价值所体现的也就是高校教育管理的属性和功能对社会、高等学校和大学生需要的满足关系。

高校教育管理价值有以下显著特点。

（1）直接性与间接性。高校教育管理对其价值主体的作用，就其作用的形式而言，有直接作用和间接作用。因此，高校教育管理价值也就具有直接性和间接性的特点。高校教育管理价值的直接性是指高校教育管理能够不经过中间环节而直接作用于价值主体，以满足其一定的需要。一般来说，高校教育管理对大学生的影响和作用往往就是直接发生的。高校教育管理价值的间接性是指高校教育管理需要通过一定的中间环节而间接作用于价值主体，以满足其一定的需要。一般来说，高校教育管理对于社会的影响和作用往往就是通过对大学生的影响和作用而间接发生的。

（2）即时性与积累性。高校教育管理价值的实现即高校教育管理以自身的属性和功能对价值主体某种需要的满足总要经过一个或短或长的过程，因此，高校教育管理价值也就具有即时性与积累性的特点。高校教育管理价值的即时性是指高校教育管理活动在短时间内就能够迅速达到目标，从而满足价值主体的某种需要。例如，及时办理新生中家庭经济困难学生的助学贷款，使他们能够跨进大学、安心学习；及时处理学生中发生的突发事件，保障学生安全和校园稳定等等。高校教育管理价值的积累性是指高校教育管理往往要经过一个相当长的过程，通过长期的工作积累，才能达到目标，从而满足价值主体的需要。例如，建立良好的教育教学秩序，以满足高等学校人才培养工作的需要；培养学生良好的思想品德和行为习惯，以满足社会发展与学生自身发展的需要，等等。这些不是一朝一夕所能实现的，而是需要长期的工作积累。

（3）受制性与扩展性。高校教育管理价值的受制性是指高校教育管理价值的实现要受到其他种种因素的影响。这是因为，高校教育管理价值就是对大学生成长成才的作用和意义。而大学生的成长成才则还要受到高等学校内部其他因素和外部环境因素的影响。因此，高校教育管理在大学生成长成才中作用的发挥，也必然要受到其他种种因素的制约。当其他因素对大学生的影响与高校教育管理的作用方向相一致，高校教育管理就容易收到实效，高校教育管理的价值也就易于实现。反之，如果其他因素对大学生的影响与高校教育管理的作用方向不相一致，高校教育管理就难以收到实效，高校教育管理的价值也就难以实现。高校教育管理价值的扩展性是指高校教育管理可以通过大学生的活动和影响对高等学校内部其他工作和外部环境因素发生作用，从而使自身价值得到扩展。例如，高校教育管理通过对学生科技创新和创业活动的鼓励和支持，激发起学生科技创新和创业的积极性，这就必然会推动学校的教学创新，以提高学生的科技创新能力和创业能力。再如，高校教育管理通过对学生日常行为的引导，使学生养成了遵守社会公共道德规范、自觉维护公共秩序和环境卫生的行为习惯，这就必然会对学校周边环境的优化产生积极的影响。

（4）系统性与开放性。高校教育管理价值的系统性是指高校教育管理的价值是一个由多种维度、多种类型的内容构成的有机整体。按价值的主体可分为社会价值、高校集体价值和个体价值。社会价值是高校教育管理对社会运行和发展的作用和意义；高校集体价值即高校教育管理对高等学校运行和发展的作用和意义；个体价值即高校教育管理对大学生个体成长和发展的作用和意义。按价值存在的形态可分为理想价值和现实价值。理想价值是高校教育管理价值的应有状态，即高校教育管理所追求的最终价值；现实价值是高校教育管理的实有状态，即在现实条件下已经实现或正在实现的价值。还可以按价值的性质分为正向价值和负向价值；按价值的大小分为高价值和低价值，等等。高校教育管理价值就是由上述各种价值组成的系统。高校教育管理价值的开放性是指高校教育管理的价值会随着价值主体需要和高校教育管理功能的变化而发展。随着社会的发展，高校教育管理服务对象的需要在变化发展，这就必然会促使高校教育管理的功能发生相应变化和发展，从而使高校教育管理的价值得到增强和拓展。例如，随着计算机网络的发展及其对大学生的二重影响，要求高校教育管理必须加强对大学生网络活动的管理和服务，从而使高校教育管理的价值拓展到网络空间之中。

（二）高校教育管理的社会价值

高校教育管理的社会价值是指高校教育管理对社会运行与发展的作用和意义，即高校教育管理的属性和功能对社会运行与发展需要的满足。高校教育管理的社会价值集中表现在它是培养中国特色社会主义建设合格人才的重要手段，构建社会主义和谐社会的内在要求。

1. 培养合格人才的重要手段

中国特色社会主义事业的发展需要数以亿计的高素质的劳动者、数以千万计的专门人才和一大批拔尖创新人才。高等学校是人才培养的重要基地，其中心任务就是要为中国特色社会主义建设培养合格的专门人才。而高校教育管理则是高等学校人才培养工作的重要手段，在培养合格人才中发挥着不可或缺的重要作用。

（1）维护正常的教育教学秩序。高等学校的教育教学活动总是按照一定的制度和规章有目的、有计划、有组织地进行的，建立和维护正常的教育教学秩序是高等学校教育教学工作的内在要求和基本条件。这就需要有严格的、科学的管理，包括高校教育管理。正如毛泽东所说："人民为了有效地进行生产、进行学习和有秩序地过生活，要求自己的政府、生产的领导者、文化教育机关的领导者发布各种适当的带强制性的行政命令。没有这种行政命令，社会秩序就无法维持，这是人们的常识所了解的。"高校教育管理在维持高等学校教育教学秩序中具有特殊的重要作用。在高校教育管理中，实行严格的学籍管理，按照一定的制度和规定，有序地做好有关学生入学与注册、课程和各种教育环节的考核与成绩记载、转专业与转学、休学与复学、退学、毕业与结业等各项工作，是建立正常的教育教学秩序的基础。实施系统的学习管理，引导学生明确学习目的，提高学生学习的主动性和自觉性，规范学生的学习行为，督促学生自觉遵守学习纪律和考试纪律，形成良好的学风，是建立正常的教育教学秩序的关键。加强对学生班级、学生社团等学生群体的管理，引导学生紧紧围绕学校的教育教学目标，有序地开展班级活动、社团活动和其他课余活动，是建立正常的教育教学秩序的重要条件。

总之，高校教育管理是建立和维护正常的教育教学秩序的重要保证。没有有效的高校教育管理，就不可能有正常的教育教学秩序。

（2）激励、指导和保障学生的学习行为。高等学校教育教学的过程是教师与学生双向互动、"教"与"学"辩证统一的过程。其中，"教"是主导，"学"是关键。学习是大学生的主要任务，是大学生能否成为合格人才的关键。而高校教育管理则对大学生的学习行为起着重要的激励、指导和保障作用。高校教育管理对学生学习行为的激励作用主要表现在：引导学生充分认识大学学习的社会意义和个体价值，明确学习目的，以激发学生的学习动机；运用颁发奖学金和授予荣誉称号等方式，表彰学业成绩优秀的学生，以鼓励学生勤奋学习；把竞争机制引入学生的学习活动之中，围绕学生的专业学习，组织各种竞赛活动，激发学生的学习热情。高校教育管理对学生学习行为的指导作用主要表现在：指导新生了解大学阶段学习的特点和要求，促进他们尽快实现学习方式从被动性学习到自主性学习的转变；指导学生根据社会需求和自身实际制定职业生涯规划，确定自己的职业生涯发展方向，从而明确学习的目标；指导学生掌握科学的学习方法，养成良好的学习习惯，不断提高自主学习的能力和学习效率；指导学生积极开展社会实践活动。注重在实践中加深对专业理论知识的理解，在实践中提高自己的专业技能。高校教育管理对学生学习行为的保障作用主要表现在：加强资助管理，切实做好助学贷款和助学金的发放工作，组织和指导学生的勤工助学活动，为家庭经济困难学生安心学习、顺利完成学业提供必要的经济条件；开展学生学习心理的辅导，帮助学生克服学业焦虑等各种消极心理，以积极健康的心态对待学习等。

（3）培养学生的思想品德。中国特色社会主义建设所需要的合格人才不仅要具备良好的专业知识和能力素养，还要具备良好的思想品德。所谓思想品德，是指人在一定的思想体系指导下，按照社会的言行规范行动时，表现在个人身上的相对稳定的特征。它是以心理因素为基础的思想与行为的统一体。培养大学生良好的思想品德，不仅需要深入细致的思想政治教育，还需要有效的管理。这是因为人们良好思想品德和行为习惯的形成，有一个由他律到自律的过程。大学生各方面还未成熟，发展尚未稳定，加之各个学生的思想基础不同，接受教育的主动性、积极性和自觉性各不相同，因此，大学生自我管理、自我约束的能力尚有欠缺并存在差异。要帮助大学生提高自理、自律的水平，使他们能够自觉地遵循社会的思想规范、政治规范、道德规范和法纪规范，并形成良好的行为习惯，就必须在加强思想政治教育的同时，加强对大学生各方面的管理，注重对大学生日常行为规范的训练。通过高校教育管理，科学制定并严格执行各项规章制度，强化行为管理和纪律约束，使大学生在学习、交往等方面的行为都能够按照一定的规范有序地进行，不仅有助于培养大学生良好的行为习惯，也可以为思想政治教育创造良好的环境条件，从而增强思想政治教育的效果。

2. 构建和谐社会的内在要求

实现社会和谐，始终是人类孜孜以求的社会理想，也是中国共产党和中国人民不懈奋斗的重要目标。党的十六大以来，我们党对社会和谐的认识不断深化，明确提出了构建社会主义和谐社会的任务。社会和谐是中国特色社会主义的本质属性，构建社会主义和谐社会是发展中国特色社会主义的基本要求和重要保证。高校教育管理作为对大学生这一特殊社会群体提供引导和服务的社会活动，在构建社会主义和谐社会中发挥着特有的重要作用，具有特殊的重要价值。

（1）高校教育管理是维护社会稳定、实现社会安定有序的重要保证。我们所要建设的社会主义和谐社会应该是民主法治、公平正义、诚实友爱、充满活力、安定有序、人与自然和谐共生的社会。安定有序是社会主义和谐社会的内在要求和重要特征，也是实现社会和谐的基本条件。社会稳定则是安定有序的基本内容和重要表现，也是改革、发展的前提。邓小平在推进改革开放的过程中，反复强调稳定是压倒一切的，没有稳定的环境，什么都搞不成。而高校稳定是社会稳定的重要条件，高校稳定的关键又在于大学生。这是因为，大学生的思想尚未成熟，存在显著的矛盾性。他们关心国家发展，关注时事政治，追求民主自由，并具有较强的政治参与意识，但尚缺乏政治经验和社会生活经验，政治辨别能力不强，因此容易受到社会上错误思潮和不良倾向的影响。同时，大学生正处于青年期，情感具有强烈性。这既使大学生热情奔放、勇往直前，又使大学生易于冲动，甚至失去理智。成千上万的大学生集中在高等学校的校园内，如果缺乏正确的引导和有效的管理，一些不良的倾向和问题，很容易在大学生中扩散开来，并造成不良的社会影响。因此，切实加强高校教育管理，正确引导大学生的社会活动和政治行为，妥善解决大学生在学习、生活、交往和就业中碰到的各种矛盾和问题，及时处理大学生中发生的各种突发事件，以保持高等学校的稳定，对于维护社会稳定，实现社会安定有序具有特殊的重要意义。

（2）高校教育管理是构建和谐校园的重要手段。高等学校是现代社会中不可或缺的重要社会组织，担负着培养人才、推动科技进步、传播先进文化的重要任务。构建和谐校园，是构建社会主义和谐社会的题中应有之义，也是推进高等学校科学发展的内在要求。加强高校教育管理，引导和组织大学生积极发挥在和谐校园建设中的主体作用，是构建和谐校园的重要保证。加强高校教育管理，建立和完善学生参与民主管理的组织形式，引导、支持和组织学生依法参与学校的民主管理和实行自主管理，切实维护和保障学生在校期间享有的权利，引导和督促学生全面履行法律规定的义务，自觉遵守国家法律和学校管理制度，能够有力地推进高等学校的民主法制建设。加强高校教育管理，妥善地协调学生与学校、学生与教师之间的关系，维护学生的正当利益，实事求是地评价学生的思想品德和学业成绩，公正地实施奖励和处分，正确地处理学生中的各种矛盾和问题，可以使公平正义在校园中得到弘扬。加强高校教育管理，督促学生在学习考试、科学研究、人际交往和日常生活中坚持诚实守信，做到不作弊、不剽窃，引导学生尊敬师长，友爱同学，团结互助，才能在校园中形成诚信友爱的良好风气。通过高校教育管理，充分调动学生的积极性和创造性，围绕专业学习，开展丰富多彩的社团活动和社会实践活动，鼓励、组织和支持学生开展科学研究、进行创造发明、尝试创业活动，才能使校园真正充满活力。通过高校教育管理，建立和维护学校正常的教育教学秩序和生活秩序，加强对学生的安全教育和管理，保障学生的身心健康，有效地预防和妥善地处理学生中的突发事件，努力建设平安校园，才能使校园实现安定有序。通过高校教育管理，引导和督促学生自觉维护校园环境，节约使用水、电等各种资源，才能使校园成为人与自然和谐共处的生态校园。

（3）高校教育管理是促进大学生集体和谐发展的重要手段。包括大学生党团组织、班级、学生会、社团等在内的大学生集体是大学生政治、学习和日常生活的基本组织形式，直接影响大学生的思想和行为，是大学生思想政治教育和管理的重要载体。大学生集体的和谐发展，不仅直接关系着学生个体的健康成长和全面发展，也直接关系高等学校的和谐稳定和科学发展。高校教育管理内在地包含着对大学生集体的管理，因此在促进大学生集体和谐发展中具有十分重要的作用。通过高校教育管理，引导大学生集体自觉遵循学校的有关制度和规定，紧紧围绕学校的人才培养目标和学生成长成才的需要，积极开展丰富多彩的集体活动，充分发挥自身在大学生自我教育、自我管理中的作用，可以促进大学生集体的发展与学校发展的和谐与统一。通过高校教育管理，切实加强大学生集体的思想建设、组织建设、制度建设和作风建设，引导大学生增强集体意识，主动关心集体发展，积极参与集体活动，弘扬团结互助精神，不断增进同学友谊，注重相互沟通与交流，及时化解各类矛盾，可以促进各个大学生集体自身的和谐发展。通过高校教育管理，引导大学生党团组织、班级、学生会、社团等各类大学生集体正确处理相互之间的关系，加强相互之间的沟通和协调，做到相互配合、相互支持，形成大学生自我教育、自我管理的合力，可以促进各类大学生集体的相互和谐与共同发展。

（三）高校教育管理的个体价值

高校教育管理的个体价值是指高校教育管理对大学生个体成长与发展的作用和意义，即高校教育管理的属性和功能对大学生个体成长与发展需要的满足。高校教育管理的个体价值主要表现在引导方向、激发动力、规范行为、完善人格和开发潜能等几方面。

1. 引导方向

高校教育管理具有突出的导向功能，对大学生的成长和发展起着重要的导向作用。高校教育管理的导向作用，主要表现在以下三个方面。

（1）引导政治方向。政治方向是政治立场、政治观念、政治态度、政治品质和政治信念的综合体，是人的素质中的首要因素，决定人们思想和行为的基本倾向。我们党历来强调在人才培养中必须把坚定正确的政治方向放在第一位。当今世界，随着经济全球化和信息技术的迅速发展，国际政治斗争趋于复杂，西方意识形态的渗透日益加剧。引导大学生确立坚定正确的政治方向即坚持中国特色社会主义的方向，是高等学校的一项极为重要而又十分紧迫的任务。要实现这一任务，要加强大学生思想政治教育，同时，也要加强高校教育管理。这是因为，高校教育管理的社会属性决定了高校教育管理必然具有鲜明的政治方向性并对学生的政治方向发挥引导作用。事实上，我国《普通高等学校学生管理规定》和《高等学校学生行为准则》都明确要求大学生应当"确立在中国共产党领导下走中国特色社会主义道路、实现中华民族伟大复兴的共同理想和坚定信念"。加强高校教育管理，严格执行高等学校学生管理规定，引导和督促大学生自觉遵守高等学校学生行为准则，加强对大学生的行为尤其是政治行为的管理和指导，引导学生正确行使依法享有的政治权利，防止和抵制各种腐朽意识形态对大学生的影响，及时纠正校园中出现的错误倾向，维护和保障校园的政治稳定和政治安全，对于引导大学生坚定正确的政治方向无疑具有重要作用。

（2）引导价值取向。价值取向是指人们基于自己的价值观在面对或处理各种矛盾、冲突、关系时所持有的基本价值立场、价值态度以及所表现出来的基本价值倾向。价值取向决定和支配人的价值选择，制约人们思想和行为的方向。现阶段我国市场经济的发展，在促进社会生产发展和人们思想观念更新的同时，其盲目性和滞后性，也容易诱发人们产生利己主义、拜金主义和享乐主义的价值观念；随着经济全球化的发展和我国国际交往的扩大，西方的各种价值观念也渗透进来。因此，引导大学生掌握社会主义核心价值体系，坚持正确的价值取向，有着尤为重要的意义。如前所说，鲜明的价值导向是高校教育管理的一个显著特点。高校教育管理通过坚持和贯彻体现社会主义核心价值体系的管理理念，制定和执行以培养社会主义建设合格人才为根本宗旨的管理目标体系和管理规章制度，对大学生的价值取向发挥重要的引导作用。

（3）引导业务发展方向。引导大学生确定既符合社会需要又符合自身实际的奋斗目标，明确业务发展的方向，可以引导他们把自己的主要精力和时间投入实现既定目标的业务学习和实践活动之中，从而促进他们早日成才。高校教育管理在引导大学生业务发展方向方面的作用集中表现在：通过对学生学习活动的指导，引导学生根据相关专业的要求和自己的兴趣爱好，确定专业学习的目标，从而明确在专业学习方面努力的方向；通过对大学生职业生涯规划的指导，引导学生根据社会需求、职业发展的趋势和自身的主观条件与愿望，确定自己的职业理想，从而明确自己职业生涯发展的方向。

2. 激发动力

高等学校的系统教育为大学生的成长和发展提供了良好的条件，而大学生能否健康成长和全面发展，关键在于大学生自身的主观努力即主观能动性的发挥。正如邓小平所说："我们要求所有的人都努力上进，但毕竟还要看各个人自己是否努力。"因此，要促进大学生的成长和发展，就必须注重激发大学生的内在动力，充分调动他们的主动性和积极性。高校教育管理具有显著的激励功能，在激发大学生内在动力方面具有突出的作用。高校教育管理对大学生的激励作用，主要是通过以下三种途径来实现的。

（1）需要激励。需要是人的行为动力的源泉，是行为动机产生和形成的基础。人的积极性的发挥及其发挥的程度，归根结底取决于其需要能否得到满足以及满足的程度。高校教育管理坚持以人为本的管理理念和服务学生的管理原则，关心学生的实际需要，维护学生的正当利益，扎扎实实地为大学生的成长和发展提供各方面的指导和全方位的服务，因此，也就必然会对大学生发挥重要的激励作用。

（2）目标激励。人的行为总是指向一定目标的，目标是人们期望达到的成果和成就，能够激发人的内在积极性，鼓励人们奋发努力。人们对目标的达成满足自身需要的价值看得越大，估计目标能够实现的可能性越大，目标的激发力量也就越大。高校教育管理遵循社会发展要求与大学生自身发展需要相统一的原则，科学地制定管理的目标，着力引导大学生根据社会需要和自己的兴趣爱好、主观条件合理地确定自己的学习目标和发展目标，从而对大学生发挥重要的激励作用。

（3）奖惩激励。奖励和惩罚是高校教育管理的重要方法，其目的就是要通过运用正、负强化手段，控制大学生行为结果的反馈调节作用，以维持和增强大学生努力学习和践行大学生行为准则的主动性和积极性。奖励是通过奖赏、赞扬、信任等褒奖形式来满足大学生的需要，使其感到满足和喜悦，从而更加奋发努力的正强化手段；惩罚是通过造成被惩罚者某种需要的不满足而使其感到痛苦和警醒，从而变消极行为为积极行为的负强化手段。高校教育管理通过恰当地运用奖励和惩罚，鼓励先进，鞭策后进，从而激励全体大学生奋发努力。

3. 规范行为

高校教育管理的一项重要任务就是要科学制定和严格执行各项管理规章制度和纪律，以规范大学生的行为，促进其形成文明的行为方式和良好的行为习惯。高校教育管理在规范大学生行为方面的作用，主要是通过以下三种途径来实现的。

（1）加强制度建设。制度建设是高校教育管理的重要内容。高校教育管理中的制度建设，就是要依据社会发展要求、人才培养目标和大学生健康成长与发展的需要，科学制定和不断完善各项规章制度，使大学生明确应该做什么、不应该做什么，应该怎么做、不应该怎么做，并引导和督促大学生用于规范自己的行为，逐步形成文明的行为方式。2017年教育部新修订的《普通高等学校学生管理规定》和《高等学校学生行为准则》，就是现阶段高校教育管理的基本规章制度，为规范大学生行为提供了基本的规定和准则。

（2）严格纪律约束。纪律是一定的社会组织为实现组织目标而要求其全体成员必须共同遵守并赋有组织强制力的行为规范。它是建立正常秩序、维系组织成员共同生活的重要手段，是完成各项任务、实现组织目标的重要保证，因此成为高校教育管理中不可或缺的重要手段。在高校教育管理中，通过严格执行学习、考试、科研、集体活动、校园生活、安全保卫等各方面的纪律，以约束和调整学生的行为，并对违纪行为及时做出恰当的处罚，可以有效地引导和规范学生的行为，促进其良好行为习惯的养成。

（3）引导自我管理。自我管理是高校教育管理的重要路径。自我管理的一项重要内容就是要启发学生的自觉性和主动性，引导学生自觉遵守管理制度，主动地用体现社会要求的大学生行为准则规范的行为，实行自我约束和自我监督。这种自我约束和自我监督，既表现在大学生个体的自我管理中，也体现在大学生群体的自我管理中。在大学生班级、寝室、社团等群体的管理中，充分发挥学生的主体作用，引导学生在民主讨论的基础上，形成全体成员共同遵守的规章制度，并相互监督执行，不仅有助于营造良好的群体氛围、实现群体的目标，而且有助于提高全体成员规范和约束自己行为的自觉性。

4. 完善人格

人格是一个人所具有的稳定而统一的心理特征的总和。通俗地讲，人格就是指一个人的品格、思想境界、情感格调、行为风格、道德品质、精神面貌等。人格既是个人发展状况的集中表现，又是个人发展的内在主观条件。人的全面发展内在地包含人格的健全和完善。高校教育管理以促进大学生的全面发展为根本目的，因此必然要注重培育大学生健全的人格，以促进他们形成崇高丰富的精神境界、高尚优秀的道德品质、积极健康的心理品格。高校教育管理在完善大学生人格方面的作用，主要表现在以下两方面。

（1）优化环境影响。环境是影响大学生人格形成和发展的重要因素，对大学生的人格具有陶冶和感染的重要作用。"近朱者赤，近墨者黑"，说的就是这个道理。高校教育管理在营造良好的校园环境、优化校园环境影响方面具有重要作用。高校教育管理通过制定和执行合理的规章制度，建立和维护正常的校园秩序；通过有效的学习管理和班级管理，促进良好学风和班风的形成；通过对大学生交往活动的管理和引导，优化校园的人际环境；通过对大学生网络活动的管理和指导，净化校园的网络环境；通过对学生社团和学生课余活动的管理和指导，形成积极向上、丰富多彩的校园文化生活环境；通过对学生生活园区的管理和学生日常行为的指导，为学生营造安定有序、文明健康的日常生活环境等。

（2）指导行为实践。实践是大学生人格形成和发展的基本途径。大学生所接受的各种教育影响，只有在实践中通过他们的亲身体验，才能真正为他们所理解、消化和吸收。大学生行为习惯的养成、实践能力的提高等，更是自身长期实践活动的结果。因此，高校教育管理通过对大学生行为和实践活动的管理和指导，也就必然会对大学生人格的完善发挥重要作用。

5. 开发潜能

人的潜能是指人所具有的有待开发、发掘的处于潜伏状态的能力。它包括人的生理潜能、智力潜能和心理潜能。人的潜能是人的现实活动力量的潜伏状态和内在源泉，人的能力的发展，在一定的意义上，也就是开发潜能，使之转化为现实活动力量即显能的过程。人的潜能是巨大的。美国著名心理学家威廉·詹姆斯认为一个正常人还有90%的潜能尚未被利用。由此可见，人的潜能的开发具有十分广阔的前景。大学生正处于成长和发展的关键时期，着力开发他们身上所蕴藏的丰富潜能，将他们内在的潜能转化为从事社会建设的实际能力和现实力量，是大学生培养工作的重要任务。高校教育管理作为大学生培养工作的重要组成部分，在开发大学生内在潜能方面发挥着不可或缺的作用。高校教育管理在开发大学生潜能方面的作用，主要是通过以下三种途径实现的。

（1）指导学习训练。学习和训练是开发潜能的基础。只有通过系统的学习和训练，掌握必要的知识和方法，才能使潜能得到正确的、有效的发挥。高校教育管理通过对大学生的学习活动的管理和指导，引导大学生确立正确的学习目的，掌握科学的学习方法，不仅可以充分发掘大学生在学习方面的潜能，以提高他们的学习能力，而且可以促进大学生系统地掌握专业理论知识和方法，从而使他们在专业方面的潜能得到开发和发展。

（2）运用激励机制。激励是开发潜力的重要手段。通过激励，可以充分调动人的主观能动性，打破安于现状的消极心态，振奋人的精神，转变人的态度，激发人的兴趣，调整人的行为模式，从而达到开发潜能的目的。而激励则是高校教育管理的重要手段。高校教育管理运用激励机制，通过引导学生明确努力方向和成才目标，奖励成绩优异、表现突出的学生，可以调动大学生的主动性和积极性，激发他们奋发向上的进取精神，从而促进他们不断地开发自身内在的潜能。

（3）组织实践活动。实践是潜能转化为显能的中介和桥梁。人的潜能，只有在实践中，才能逐步显现出来，得到实际发挥，从而转化为显能。高校教育管理通过支持和指导学生的社团活动和社会实践活动，鼓励和引导学生的科技服务和科技创新活动等，可以为大学生提供丰富多样的参与实践活动的机会，使他们的潜能在实践中得到开发和发展。

第二节　高校教育管理的理念与原则

管理是一门科学，高校教育管理也是一个由系列管理活动按一定顺序结合而成的系统组织过程。遵循适当的理念和原则，对于确保高校教育管理工作的正确方向，实现管理质量与效率的最大化具有重要意义。

一、高校教育管理的理念

（一）教育管理要体现自由理念

控制与自由的矛盾集中反映了高校教育管理制度中管理者与教师、管理者与学生之间的关系。

1. 控制与自由的一般理论

控制与自由也是管理中的一对基本矛盾。控制的理念来源于古典管理理论——科学管理法。按照"科学管理之父"——泰勒的管理思想，管理的中心问题是提高劳动效率，而提高劳动效率的手段是用科学的管理代替传统的管理。在管理实践中，要通过建立各种明确的规定、条例、标准，使管理科学化、制度化。泰勒主张在劳资之间实行职能分工，由经营者承担"计划"（管理）职能，由工人担当"执行"（作业）职能。泰勒的科学管理思想是以重视经济动机的"经济人"假设为前提的。科学管理理论侧重研究物的或事实的方面，而不注重人的或价值的方面；强调管理法规的约束功能，不注意研究人的行为；着重解决如何提高效率的问题，不注意研究管理措施与整个社会的关系。因此，有人将它称为"人机关系技术论"。控制理念下的管理必然是一种刚性管理。

管理上的自由理念则来源于现代管理科学的相关理论。现代管理科学突破了传统管理理论所谓"经济人""社会人"等人性假设，重视人的自主性和自我实现的需要，把人更多地看作"自我实现的人""复杂人"。其中，人本管理、柔性管理、模糊管理等理论是这类现代管理理论的突出代表。

人本管理有两层基本含义。一是以"人"为中心的管理，确立人在管理中的主导地位，把人作为管理的主体。管理的根本任务是调动人的主动性、积极性、创造性，最大限度地挖掘人的潜能。二是要把"人"当"人"去看待，以谋求人的全面与自由发展为终极目标，努力为满足人的自我实现需要创造条件和机会。在人本管理中，个人的潜能得到激发，组织也因此达到最大的绩效标准，即组织的成长与个体的发展实现了协调统一。人本管理落实到管理活动中，就是坚持以人为本的原则，从一个完整、科学的意义上去理解人，即管理者不仅要关心人、激励人，而且要注意开发人的潜能，促进被管理者人性的丰富和完善，促进人的全面发展。换言之，使人成为现代管理的出发点和归宿。

柔性管理理论提出，现代管理除了具有古典管理学家提出的计划、组织、指挥、控制、协调等基本职能，还具有教育、协调、激励、互补等职能。马克思曾经指出："发展一切生产力，即物质生产力和精神生产力。"这里的"精神生产力"来源于受激励状态下的人，来源于柔性管理的特定职能。毛泽东也曾告诫人们："世间一切事物中，人是第一个可宝贵的。"

模糊管理也是支撑自由理念的又一个重要理论依据。英国莱斯特大学教育管理教授托尼·布什在《当代西方教育管理模式》一书中，根据管理的性质和作用，把各种管理模式分为六大类。其中，模糊模式包括所有强调组织中的无法预测性和易变性的理论。根据这种理论，组织的目标都是不确定的，按目标的次序来开展工作是困难的；学校组织系统内各部分之间的联系都是松散的；决策往往是在参与者不确定的状态下做出的；模糊性是学校这样的组织的普遍特点。这种模式认为，以往关于决策的选择理论过低地估计了进行决策的混乱性和复杂性。以下是模糊模式的几个主要特征：第一，组织的结构不确定。在教育组织中，组织各部分权力和责任是互相重叠的，权力的范围是不清楚的。组织结构越是复杂，潜在的模糊性就越大。正规组织结构的模型掩盖了这种模糊性的存在。第二，模糊性的一个重要来源是组织所处环境的信号释放。现在教育机构的生存与发展越来越依赖于外部的环境。开放宽松的教育模式方便家长对学校施加更多的影响和压力。第三，组织的决策通常是一种无计划的决策。模糊模式认为，正规模式中按计划、有步骤地进行决策的过程，在实际工作中几乎不存在。问题、解决问题的方案以及参与解决问题这三方面因素，在相互影响、相互作用等无序状态下产生最终的决策方案。

2. 教育管理要求体现自由的理念

教育管理中的自由理念，与现代管理理论的柔性管理、模糊管理等理论是一致的。

首先，学习自由是大学生自由发展的前提条件。按照古希腊哲学家的观点，个人只有在自己"自主"时才是真正"自由的"或充分"发展的"。高校教育过程的真正主人原本就是大学生自己，学校和教师只不过是学生成长与进步的服务者和"助跑器"而已。高校教育管理者必须树立"一切为了学生"的指导思想，通过调动学生内在的积极性和创造性，促进其生动活泼地发展，不能寄希望于刚性的管理制度来"强迫"学生发展。

学习自由是发展大学生个性和创造性的基石。自由、个性、创造三者之间是紧密联系的，它们组成一个自由创造的生态链条。

其次，教育自由是教师专业发展的基本保障。对高校教师教育工作的管理，固然需要相关的管理制度来规范，但更需要依靠广大教师的自觉和自律。要保障高校教师的专业自主权，赋予其在教育上的自由。

3. 高校教育管理制度中控制与自由的协调

良好的管理应当"既有纪律，又有自由，既有统一意志，又有个人心情舒畅"。这里包含两重含义：一是要有能够集中反映组织成员利益和意愿的恰当的组织目标和组织规范，使组织规范尽可能成为每一个成员的自觉行为；二是既要有严明的组织管理，以保证组织目标的实现，又要恰当把握约束的尺度，尊重组织成员个人的自由，从而更好地调动每位成员的积极性。

首先，高校教育管理目标需要基本的规范来实现。管理制度是组织存在和有序活动的保证。没有规矩，不成方圆。高校作为一种规范型的组织，为了保证教育最基本的秩序，为了提高教育管理的效率，为了实现教育管理的基本目标，建立相应的管理制度是实施教育管理不可缺少的要素。因此，高校教育管理活动必须建立在一定的管理规范约束基础上，不是盲目地、随意地管理，不是在管理过程中放任自流，任何人（包括教师和学生乃至管理者本身）都应当自觉遵守教育管理制度，自觉维护教育管理制度的权威性。然而，不管什么形式的管理制度，它生来就具有约束其成员行为的属性，即任何组织成员都会受到内部某种制度（含风俗习惯）的约束；而自由又是人们按照自己的意愿行动的权利。管理制度对组织成员的行为的强制约束作用，也就是对组织成员的行为自由的限制作用。

其次，高校教育管理制度需要具有一定的弹性。高校教育管理系统需要一定的管理制度，但是，高校教育管理的性质和特点决定了高校教育管理制度必须富有弹性，必须具有一定的灵活性。现代高校教育管理制度的建设也要坚持这样一种价值取向，即注重"柔性"教育管理规范的设计和建设。即使是"刚性"的管理规章制度，也要处理好提高教育管理效率与对师生的理解、尊重、信任和关心之间的关系，以形成一种能够充分激发师生"教与学"积极性的组织规范体系。

总之，高校教育管理制度的建设，既要体现学校的意志和利益，又要保障师生的自由和利益，要在教育活动的控制与自主、约束与自由之间保持适当的张力，努力营造开放、自由、协调、宽松的高校教育管理制度环境。

（二）教育管理要体现服务理念

管理与服务是现代管理的又一对基本矛盾。高校教育管理制度中的管理与服务，集中反映了高校教育管理中管理者与教师、管理者与学生之间的矛盾。

1. 管理与服务的一般理论

"管理即服务"的命题来源于人本管理理论。人本管理理论是 20 世纪 80 年代以来，西方管理学科发展的主要潮流和趋势。理论界关于人本管理的内涵和外延尚有争议。有位学者在总结各家观点的基础上，给"人本管理"下了如下定义：一种把"人"作为管理活动的核心和组织最重要的资源，把组织全体成员作为管理的主体，围绕着如何充分利用和开发组织的人力资源，服务于组织内外的利益相关者，从而同时实现组织目标和组织成员个人目标的管理理论和管理实践活动的总称。

2. 学校管理要求体现服务的理念

人本管理理论为分析现代学校管理提供了有力的依据，为建设柔性的高校教育管理制度提供了理论支持。现代学校管理要体现服务的理念，学校管理中的服务至少有两层含义：一是建立有效的教育教学支持服务系统，满足教书育人活动的需要；二是转变计划体制下高校教育"卖方市场"的思维模式，把学生当作高校教育的"消费者""顾客"来对待，实现学校管理机制的创新。

首先，高校教师管理的特点要求体现服务理念。高校教师在本质上超越了被理性主义视为可以通过制度和利益机制进行诱导和控制的"经济人"的范畴，也不只停留在行为学派所认为的追求友情、安全感、归属感、尊重等社会和心理需要的"社会人"的阶段，而推进到了以追求价值观、信仰和自我实现为中心的"文化人"的阶段。因此，高校教育管理应当重视教师的这些特点，树立"以教师为本"的思想，在教育管理制度中体现为教师服务的理念。

其次，大学生身份的转变要求体现服务理念。在计划经济体制下，高校教育完全是一个"卖方市场"。卖方市场是以卖方（学校）为主体、以卖方为主导力量的市场，买方（学习者）别无选择。在卖方市场条件下，高校教育的运行机制是"以教定学"，即高校提供什么样的教育，学生就接受什么样的教育。随着我国经济体制的转轨以及信息社会的到来，高校教育正在由"卖方市场"变成"买方市场"。买方市场是以买方为主体、以买方为主导力量的市场。在买方市场条件下，高校教育的运行机制是"以学择教"，即大学生需要什么样的教育，高校就设法提供什么样的教育。

3. 高校教育管理制度中管理与服务的协调

按照现代管理的要求，高校教育管理既要体现管理活动的自然属性——组织、指挥、协调与控制，又要充分体现对教学活动的支持服务。对教育管理者而言，高校教育管理制度要体现管理活动的服务性要求。

二、高校教育管理的基本原则

我们追求的是这样一类高校教育管理原则，它们必须能较全面、准确地反映高校教育管理活动的特点、本质与规律，即它们是根据一般管理学的原理提出的，同时又特别适用于高校教育管理领域。它们在理论上是完备的，在实际工作中又是切实可行的，以便有效地指导高校教育管理实践活动。我们认为，高校教育管理基本原则可以包括七个方面，即高效性原则、整体性原则、民主性原则、动态性原则、导向性原则、依法管理原则、公平公正原则。

（一）高效性原则

高校教育管理的高效性原则是高校教育管理本质的直接体现和具体化，它要求以一定的高校教育资源投入培养和提供更多的合格高级专门人才和高水平的研究成果，或者说培养和提供一定数量的合格人才和研究成果，投入的高校教育资源要求越少，产出的数量与质量越高，从而表明高校教育管理的活力越突出。

任何一种社会机构或组织的活动都需要进行效益管理，都需要提高其工作效率。高效性原则揭示了高校教育管理追求的目标，这就是良好的办学效益，它包括经济效益和社会效益。办学效益的评判标准应该是高校教育所培养的人才和提供的研究成果对社会进步、经济发展、文化进步是否起到最佳的促进作用，高校教育在实施过程中是否最大限度地利用了各种资源，最大限度地减少了浪费。高校教育在总体发展规划、具体专业设置、人员聘用、经费使用等方面必须具有充分的灵活性和活力，这是保证办学效益得到提高的前提条件。不过，虽然如其他领域一样，高校教育系统也关心管理的效益，但联系高校教育的组织特征（诸如总体目标的模糊性、利益联系机制的松散性等），在分析高校教育办学效益时，有两点需要注意：一是在一定的周期内，高校教育所花费的成本和实际获得的经济收益很难精确衡量；二是高校教育的社会效益更无法用数字量化。通常能够计算出来的只有某些资源的利用情况，比如人员、经费、设备、时间、图书资料等的使用效率可以得到一个概算。过去几十年，人们越来越关注教育组织的效益，这很大程度上取决于其人力资源的质量和状况。人力资源计算作为一门技术正在形成，依靠这一技术，我们可以计算一个组织中人力资源的价值，并估计管理政策的影响。但教育管理活动的复杂性和多样性使现有的技术无法对一些无形的、间接的、综合的、迟效性的教育管理效益做出客观、精确的测定。这就使我们难以回答如何才能促进高校教育管理效益的提高，或者说有哪些因素影响着高校教育管理效益的提高。

有的学者提出了测量教育管理效率的五个方面可供我们参考。

（1）用人效益。指成员潜能的发挥程度，具体考察现有人力、在用人力、实际有效使用人力，计算有效人数与实际人数的比值。

（2）经济效益。指投资的实际经济价值，投入与产出、有用耗费与无用耗费、有用效果与无用效果。

（3）时间效益。指时间运筹的有效利用率，法定工作时间与实际有效利用的工作时间的比值。

（4）办事效率也指工作效率。管理机构处理公务的实际成效，已办的与应办的，正确处理的与处理不当的，未办公务中由客观因素导致的件数与由主观因素导致的件数的比值。

（5）整体综合效益。指教育管理的社会效果、社会承认、满足的程度等。

（二）整体性原则

高校教育管理的整体性原则既决定于高校教育系统的整体性，又受制于培养高级专门人才的高校教育目的。管理是一个为了达到同一目标而协调集体所做努力的过程。目标不但为管理指明了方向，而且是一种激励被管理者的力量源泉。特别是当组织的目标充分体现组织成员的共同利益，并使之与每一个成员的个人目标结合在一起时，就会极大地激发组织成员的热情、献身精神和创造力。在高校教育管理系统中，管理过程的各个环节以及各个方面也是围绕一个统一的目标（培养人才和开展科学研究）而运转的。这个统一的目标使得高校教育的各项工作融为一个整体，高校教育就是要从这个整体出发，协调各环节和各方面的管理工作。系统的最大特点在于整体的功能大于各部分之和，这一系统原理为整体性原则提供了理论依据。系统的功能不仅体现在数量上，更重要的是体现在本质上。通常系统的整体功能相对于各组成部分的功能来说是一种质变。实际的管理工作中，经常遇到局部与全局的矛盾。从某个局部来看虽然能获得一定的效益，但如果整体的损失超过局部的效益，我们总是强调局部服从于整体的全局观点。研究表明，人需要给予具体目标才能调动潜在能力，也只有在达到明确目标后，才会产生成就感和满足感。用以维系管理整体性原则的目标只有具体化，并渗透于整个管理过程，成为一种稳定的宗旨，才能真正发挥其统领全局的功效。目标管理的核心是把组织的目的、任务转化为目标，并使组织的总目标与各个部门、个人的目标融为一体，形成组织、部门、个人方向一致，明确具体、切实可行的目标体系。它强调以目标指导行动，以成就和贡献作为管理活动的重点，特别强调目标实现的整体性。

同其他系统一样，高校教育系统中没有任何人或组织可以单独地满足自身的需要，而不依赖于他人或组织的合作。没有基于管理目标的合作行为就没有管理的整体性，事实上，也就没有管理本身。高校教育系统中存在各种不同的工作目标，这是社会与组织分工的产物，它们有赖于高校教育总体目标指导下的相互配合。在具有不同功能的组织中，整体性原则的体现方式是各不相同的。一般而言，在功利性为主的经济组织内强调竞争，在以强制性为主的军事组织内强调服从。

和谐、团结、协作对于高校教育管理的整体性原则的贯彻是必要的，但在高校教育组织的实际运作中，存在着多种不同形式、强度的冲突。及时诊断并将冲突带来的破坏减少到最低限度也是维护高校教育管理整体性原则的一个重要方面。所谓冲突，是指人们为了某种目标或价值观而相互争斗的状态。高校领域内的冲突多表现为成员心理、角色、地位的冲突和学术观点的冲突。

前者的例子如职称晋升，往往同一年龄层的教师越多，水平越接近，冲突就越激烈；一定程度的学术思想冲突、辩论，可以促进学术研究的发展。可见，冲突的功能具有双重性。经常的、强有力的冲突对组织中成员的心理和行为有破坏性的影响，疏远、冷淡、漠不关心、极端的对立情绪和进攻性行为等，显然会导致组织的涣散和管理效能的低下。在高校教育管理领域运用冲突原理，一方面把冲突破坏的可能性减小到最低水平，另一方面使冲突产生有效的、积极的效果，保证管理的连续性和整体性。

（三）民主性原则

高校教育管理的民主性原则主要由高校教育管理的学术性所决定。要办好每所既封闭又开放的高等学校，不发扬民主，不充分调动师生的积极性和创造性是不可能的，所以，高校教育和高等学校在进行重大决策过程中都必须发扬民主。高校教育领域人才荟萃，学术思想活跃。高等学校的教学和科研活动从其本质而言是学术性活动，而离开民主与自由，学术性活动便无法开展。由前面的论述可知，高校教育系统是一个充满利益和权力冲突的系统，决策的制定和实施往往是各种力量协商或妥协的结果。这里任何独裁式的"一言堂"都有可能损害高校教育的学术价值。民主的基础是对个人价值的承认，学校如同其他社会组织（或机构）一样，要求一切受到决策影响的东西（法律、纪律、规章、决定、计划、标准等）都要反映出民主的精神和原则。学校的民主主要体现在学校重大事件的决策中每个人都有权发表自己的意见，领导和组织必须在听取师生意见的基础上，按照科学的程序作出决定。我国实行的是民主集中制，所以，在民主原则的运用中，国家、集体的利益始终是第一位的，应在此基础上正确处理好国家、集体、个人三者的关系。民主与公正是紧密联系的，在高校教育管理中，公正意味着建立严格透明的规章制度，人们享受公平的同时享受民主。公正要求把集体的常模与准则应用于个体，在这些常模与准则的实施中，要做到平等、光明正大，不允许营私舞弊，而且要受到民主的监督。民主性原则要求在高校教育管理中制定决策的民主化、执行决策的民主化、检查决策执行情况的民主化、评定决策执行结果的民主化。

制定决策的民主化。高校教育管理中计划与决策工作要充分发扬民主精神，这种民主精神体现在让被管理者，更确切地说让决策的具体执行者民主地参与决策的过程。这样可以集思广益，提高决策的科学性，使之更切合实际。个人希望自己参与决策，但是必然要花费自己的时间和精力参与决策，而一些事情刚好是个人的"冷漠区"，如校长只在一些低层次问题上让教师参与，教师可能会不感兴趣。有些涉及个人切身利益的所谓"敏感区"必须提高职工的参与程度，领导正好借此类活动的成功来提高自己的威信。有些问题虽与教师利益有关，但不足以让教师将它们作为个人问题给予特别的关心，即所谓的"矛盾心理区"。这时可有选择地（如组成代表小组）让教师参与。

执行决策的民主化。管理者要随时了解和掌握决策的执行情况，在此基础上调整和改进决策的执行方案和方法，以保证决策的顺利实行。在这一过程中，不论是了解执行情况还是调整、改进执行的方案和方法，都离不开民主的过程。管理者要尊重下属，要虚心向他们求教，及时而合理地对方案与方法的执行进行调整和改进。

检查决策执行情况的民主化。检查决策执行情况时，管理者不能凭主观判断，而要根据决策的目标、决策执行的实际情况，结合管理者的实践经验，实事求是地进行判断。在这一过程中，让决策执行者民主地参与检查工作是非常重要的。

评定决策执行结果的民主化。决策执行结果的评定不仅关系到对本决策的制定者和执行者工作的评价，而且关系到下一个决策的制定与执行。评定工作也要贯彻民主原则，以有利于激发和强化决策者与执行者的工作热情，有利于发挥和发展他们的创造性，最终有利于高校教育管理效益的提高。

（四）动态性原则

高校教育作为一种社会系统，与外部环境处于动态的相互作用之中。开放系统的一个特点是能够影响其内部子系统，以便对各种环境中的偶然事件做出反应。管理活动与管理对象、管理环境之间有着本质的、必然的联系。根据对高校教育组织特征的分析，高校教育管理过程中要完成的任务、组织的结构、用来完成任务的技术和参与的人员都处于动态之中。这样，一方面高校教育活动须按照管理的基本原理和原则来进行，保持管理的相对稳定和应有秩序，另一方面，高校教育管理的对象、内容、方式、手段等都在变化之中，要求运用高校教育管理原则时具有灵活性。

管理学中的权变理论为把普通的组织管理原则与各组织独特的、具体的情况联系起来提供了一条途径，有三个基本观点。一是对学校的组织和管理不存在一种最好的通用方法；二是在一个特定的情景中，并不是所有的组织和管理的方法都是同样有效的，组织效率的结构设计或方式是否适合一定的情景；三是组织设计和管理方式的选择必须建立在对情景中的重大事件进行细致分析的基础上。权变理论要求从有效地实现组织目标的角度出发，灵活、动态地选择处理偶然事件的方法。如"民主型"领导和"专制型"领导哪一个更好，用权变的方法分析，首先要弄清"好"意味着什么，"好"也是相对的。因为管理者的意图是最大限度地实现组织目标，"好"可能解释为"有效的"，这时候问题就变为哪一种领导类型对实现学校系统的目标可能做出更大的贡献，这就要权衡组织运作的动态性和有效性。

在动态性原则下，高校教育管理必然重视改革旧体制、旧办法。恩旺克沃在提出教育管理改革的原则时认为，教育中有无数的力量在要求变革，教育管理改革要在基本不打乱教育稳定性的前提下确定和实现各种必要的改革。但是，任何改革不可能绝对稳定，从这个意义上讲，稳定也是相对的。不过，各项必要的改革应符合几条标准，即改革必须切合实际，适应社会的需要；变革的顺利进行要求学校的目标、政策、计划、程序具有灵活性；变革的成功要求变革循序渐进，以保持组织和管理系统的稳定性。

（五）导向性原则

高校教育管理的导向性原则主要是指通过管理手段引导所有的组织成员向着既定的目标努力。我们制定的方针政策、提出并采取的工作措施、营造的工作环境等都具有这种引导作用。

从政治导向的角度来讲，高校教育管理的导向性原则主要是根据高校教育管理的两重性规律提出来的。高校教育管理的自然属性使我国高校教育能按照对外开放政策，向国外学习先进的科技和管理，高校教育管理的社会属性则决定各国间的高校教育管理不能全部照搬，必然考虑不同的社会形态。一个国家的政治制度必然影响这个国家的高校教育，并且也必然地反映在管理上。在阶级社会中，国家与国家之间的社会活动无不打上阶级的烙印，高校教育活动从培养人的角度出发，国家的教育方针就十分明确地规定，是培养国家及民族传承和发展的建设者和接班人。从这个意义上讲，它是形而上的，是上层建筑意识形态领域里的范畴，这是不可忽视和否定的。至于高校教育传播的知识，高校教育管理的具体方法，一般管理知识、技术、原则与方法层面上的东西，不是形而上的东西，不要把任何东西都政治化，这是我们要充分认识清楚的。但是也不能不重视，作为高校教育的宏观管理也好，微观管理也好，对于一个国家、一个民族，应该把育人的方向性放在首位，不是你愿意不愿意的问题，这是阶级社会的政治性决定的。

从管理工作导向来讲，主要是措施和条件导向，管理的手段、方法、环境等。组织成员在管理者的旗帜下，自觉或不自觉地努力工作，这里还存在利益导向、心理导向的问题。这是从不同的角度看导向，运用导向性原则的问题。

（六）依法管理原则

1998年8月29日第九届全国人民代表大会常务委员会第四次会议通过了《中华人民共和国高等教育法》（简称《高教法》），这是指导和约束中国高等教育活动的根本大法。《高教法》共八章，从总则、高等教育基本制度、高等学校的设立、高等学校的组织和活动、高等学校教师和其他教育工作者、高等学校的学生、高等教育投入和条件保障、附则等全面地规范了高等教育的活动，做到有法可依。

依法管理的原则，就是要依据这些法律，还有教育行政主管部门规定的法规，来规范高校教育活动。从微观高校教育管理来讲，要依法治校，建立健全各种规章制度，依法行政，通过制度来规范管理者自己的行为。

（七）公平公正原则

公平公正原则是市场经济体制下高校教育管理活动的基础，是调动各方积极性，有效地完成高校教育任务，达到高校教育目标的前提。任何高校教育活动都是由人来完成的，公平公正是对人的教育心理活动的基本保证，否则，缺乏公平公正，设计再好的管理活动，也难以达到满意的效果，因为它挫伤了人的积极性，阻碍了人的主观能动性的发挥，影响了生产力。长期以来，许多管理者不太重视公平公正的原则，不注重管理活动中人的感受，把自己的意志强加于别人，通过权力来贯彻自己的意志，甚至打击了正义，鼓励错误，最终导致管理失败。在管理的实践中不乏这样的例子，由于有失公平，使得很好的管理活动和方案流于形式，最终导致流产或者效果十分糟糕。

除了上述的这些原则，我们还可以总结出其他原则，如权威性原则、可操作性原则等，这里不再一一列举。

第三节　高校教育管理的过程与方法

高校教育管理是一个包括决策、计划、组织和控制等环节的动态的过程，在此过程中需要运用各种行之有效的管理方法。科学认识和全面把握高校教育管理的过程，正确理解和灵活运用高校教育管理的方法，是有效实施高校教育管理的重要保证。

一、高校教育管理的过程

研究高校教育管理过程，主要是要弄清高校教育管理过程的含义和构成要素，把握高校教育管理过程的特点和主要环节。

（一）高校教育管理过程的含义和构成要素

1. 高校教育管理过程的含义

高校教育管理过程，就是高校教育管理工作者对影响和制约大学生发展和成长的各种因素及其相互关系及时做出相应调整，以实现整体目标的过程。高校教育管理过程的实质，就是要把握组织环境、管理对象变化、发展的情况，并根据组织目标，适时调节管理活动，在动态的情况下做好管理工作。充分认识和掌握管理过程，对于做好高校教育管理工作具有非常重要的意义。因为管理行为并不能直接达到管理的目的，管理行为是一种周而复始的动态运行过程，管理的目的就是在这种管理过程中实现和完成的。充分认识和理解高校教育管理过程，才能既从局部上理解管理行为的各部分内容，有助于做好高校教育管理的各部分工作，又能从整体上理解由各部分内容结合而成的全部管理活动，有助于做好高校教育管理的全部工作。

2. 高校教育管理过程的构成要素

高校教育管理过程的构成要素主要包括：管理者、管理对象、管理手段和职能、管理目标。管理者即谁来管理；管理对象即管理什么，包括人、财、物、时间、空间和信息等；管理手段和职能即运用什么样的手段和方法、发挥什么样的功能和作用等，也就是如何管理的问题，包括运用行政方法、法律方法、经济方法和教育方法等基本管理方法，对管理对象进行预测、决策、计划、组织、指挥、协调、激励和控制等；管理目标即朝着什么方向走，最终达到什么目标。这四个基本要素相互作用，缺一不可。

（二）高校教育管理过程的特点

高校教育管理过程既具有一般管理过程的特征，如目的性、有序性、可控性等，又具有区别于其他管理过程的显著特点。与其他管理过程相比较，高校教育管理过程主要有以下三方面的特点。

1. 大学生的管理过程是高校教育管理工作者与大学生双向互动的能动过程

大学生的管理工作是一种复杂的社会活动。社会的主体是人，人的活动构成了社会活动的基本内容。因此，在管理的过程中既要发挥管理者的主导作用，又要发挥被管理者的主体作用，并努力达到两者的统一。管理过程是管理者和被管理者之间相互影响、相互作用的一种双向互动的能动过程。作为管理者应该能动地认识和塑造被管理者，而作为被管理者则应该在管理者的启发和引导下，进行自我管理，并达到自我教育，从而实现接受管理和自我管理过程的有机结合，使被管理者将管理者所传授的思想观念和行为规范纳入自身的思想品德结构中成为支配和控制自身思想和情感行为的内在力量，即"内化"，实现由"管"到"理"，由"他律"到"自律"的飞跃。

2. 高校教育管理过程是有效利用学校的各种资源，为大学生成长成才提供指导和服务的过程

高校教育管理过程有别于一般管理过程就在于它以培养大学生成才为根本目标，而要实现这一目标，就必须对学校的各种资源进行分析和管理，将人、财、物、时间、空间、信息等各种管理要素组织运转起来，以求有效利用这些资源，使之发挥最大的效益，为大学生的健康成长和成才提供行之有效的指导。

3. 高校教育管理过程是与大学生教育过程紧密结合，保证教育目标顺利实现的过程

高校教育管理工作者在对大学生实施管理的过程中应坚持管教结合，管中寓教，教中有管。当今的大学生不仅思想活跃，而且有很强的自主意识和自尊意识，这就对高校教育管理工作者的管理水平提出了较高的要求。在管理的过程中，管理者必须寓情于理，寓意于行，不断提高管理工作的水平，力争使管理的过程成为被管理者受启发、受教育和实现内化的过程，并且促使被管理者把已经形成的思想观念和行为准则转化为自己外在的行为，养成相应的行为习惯，即实现由"内化"到"外化"，由"自律"到"自为"的飞跃。

（三）高校教育管理过程的主要环节

高校教育管理过程主要包括决策、计划、组织和控制四个环节。这四个环节是既相互区别，又相互联系的。

1. 高校教育管理决策

高校教育管理决策是指高校教育管理工作者为了达到一定的目标，在掌握充分信息和对有关情况进行深刻分析的基础上，运用科学的方法，从两个以上的可行性方案中选择一个合理方案的分析判断过程。高校教育管理决策过程包括研究现状，明确问题和目标，拟定、比较和选择方案等阶段性的工作内容。

（1）研究现状。有问题有待解决才需要决策，也就是说，决策是为了解决一定的问题而制定的。因此，制定决策，首先要分析问题是否已经存在，是何种性质的问题，这种问题是否已经对社会、对学校、对大学生自身以及未来发展产生了不利影响。分析大学生学习、生活、各种能力的培养、实践活动以及未来就业、创业等可能遇到的种种问题和面临的挑战，确定问题的性质，把问题作为决策的起点。当然，研究这些问题的主要人员应该是学校高层管理人员，这不仅是因为他们要对学校的发展负责、对学生的未来发展负责，而且由于他们在学校中所处的地位使他们能够通观全局，高屋建瓴，易于找出问题的关键所在。

（2）确立目标。在分析了大学生学习、生活、各种能力培养、实践活动以及未来就业和创业等可能遇到的种种问题、面临的挑战或者说不协调之后，还要进一步研究针对问题将要采取的各种措施应符合哪些要求，必须达到何种效果，也就是说，要明确决策的目标。这是因为，确立决策目标具有以下作用。一是保证学校内部各种目标的一致性。二是为动员和分配学校的各种资源提供依据。三是形成一种普遍的思想状态或气氛，如促成一种井然有序的学习、生活秩序，形成积极投身社会实践的传统，培养一种开拓创新的良好氛围。四是帮助那些能够和学校目标保持一致的学生形成一个学习、实践活动和生活核心，同时为阻止那些不能与学校目标保持一致的学生进一步参与此类活动提供一种解释。五是促成把学校总目标和不同阶段目标转化为一种分工结构，包括在学校内部把任务分配到各个责任点上。六是用一种能够对组织各项活动的成本、时间和成效等参数加以确定和控制的方式，提供一份关于组织目的和把这种目的转化为分阶段目标的详细说明。

要确立目标，需做好以下几方面工作。一是提出目标。这一目标应该包括上限目标（理想目标）和下限目标（必须实现的目标）。二是明确多元目标之间的相互关系。高校教育管理目标是多重的，但是对于不同年级、不同专业的学生来说，其目标的相对重要性是不同的。在特定时期，决策只能选择其中一项作为主要目标。然而，多元目标之间的关系是既相互联系又可能相互排斥的，如对毕业班的大学生来说，考研究生和考公务员以及求职之间就是这种既相互联系又相互排斥的关系。因此，在选择了主要目标后，还要明确它与非主要目标之间的关系，以避免在决策的实施过程中将主要精力和时间投放到非主要目标活动中，避免捡了芝麻丢了西瓜。三是限定目标。目标的执行有可能给学校和大学生带来有利的结果，也可能带来不利的结果。限定目标就是要把目标执行的有利结果和不利结果加以权衡，规定不利结果在何种程度上是允许的，一旦超越这一程度则必须停止原计划，终止目标活动。一般说来，不论是何种目标，都必须符合三个基本特征：能够计量、规定期限和确定责任人。

（3）拟订决策方案。决策的关键在于选择，而要做出正确选择，就必须提供多种可供选择的方案。从实践来看，任何目标都可以通过多种不同的活动来实现，而不拟出几个实现它的抉择方案的情况是很少的。因为对于主管人员而言，如果只有一种行事方法，那么这种方法很可能就是错误的。在此情况下，主管人员可能就不再努力去考虑其他能够使决策做得更好的方法。

决策方案描述了学校为实现目标拟采取的各种对策的具体措施和主要步骤，因为目标的实现可以采取多种不同的行动，所以应该拟订出不同的行动方案。在拟订方案的过程中，第一，要确保有足够多的方案可供选择。为了使方案的选择有意义，不同方案必须相互区别而不能相互包容。如果某个方案的活动能够包含在另一个方案之中，那么这个方案就失去了存在的意义和价值。第二，形成初步方案。一般说来，任何一个方案的产生都应该建立在对环境的具体分析和发现问题的基础之上，然后，根据问题的具体性质以及解决问题所要达到的目标，提出各种改进设想，并对诸设想进行分析、整理和归类，进而形成各种不同的初步方案。第三，形成一系列可行方案。在对各种初步方案进行遴选、补充的基础上，对遴选出来的方案做进一步完善，并预期其实施结果，这样便会形成一系列不同的可行方案。可替代决策方案的产生过程如图 1-1 所示。

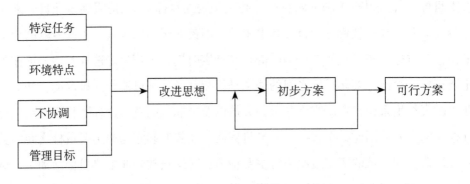

图 1-1 可替代决策方案的产生过程

（4）比较与选择。要选择方案，首先要了解各种方案的优劣。为此，需要对不同方案加以评价和比较。这种评价和比较主要包括如下几个方面。一是实施方案所需要的条件能否具备，具备这些条件需要付出何种成本；二是方案实施能够给学校和学生各自带来什么利益（包括长期利益和短期利益）；三是方案实施中可能遇到哪些问题，其导致活动失败的可能性有多大。根据上述评价和比较，便可以寻找出各种方案的差异，分析出各种方案的优劣。在此基础上进行的选择，不仅要确定能够产生综合优势的实施方案，而且要准备好环境发生变化时可以启用的备用方案。确定备用方案的目的是对可预测到的未来变化准备充分的必要措施和应急对策，避免在情况发生变化后因疲于应付而忙中添忙，乱中增乱，或束手无策而蒙受这样或那样的损失。

2. 高校教育管理计划

计划过程是决策的组织落实过程，决策一旦做出，计划就要紧紧跟上。计划是对决策目标的进一步展开和落实，离开了计划，决策便失去了意义。

高校教育管理计划就是在决策既定目标的前提下，进一步根据实际情况，科学地、及时地预计和制定达到一定的目标的未来行动方案。具体来说，就是通过将学校在一定时间内的活动任务分解给学生管理的每个部门、环节和个人，从而不仅为这些部门、环节和个人的工作以及活动的检查与控制提供依据，而且为决策目标的实现提供组织保证。

高校教育管理计划是一种协调过程，它给学生管理部门和学生管理工作者以及学生指明了方向。当所有有关人员了解了组织的目标和为达到目标他们必须做出的贡献时，他们便开始协调他们的活动，互相合作，形成团队。而缺乏计划则会走许多弯路，从而使实现目标的过程无效率可言。高校教育管理计划还可以促使学生管理部门和学生管理工作者展望未来，预见变化，以及制定适当的对策，同时减少不确定性、重叠性和浪费性的活动。高校教育管理计划还能通过设立目标和标准以便于进行控制。在计划中必须设立目标，而在控制职能中，人们又会将实际的绩效与目标进行比较，发现可能发生的重大偏差，采取必要的校正行动。可以说，没有计划，就没有控制。

（1）高校教育管理计划的制订。一般来说，制订高校教育管理计划可遵循以下程序。

①收集资料，为计划的制订提供依据。计划是为决策的组织落实而制订的，了解决策者的选择，理解有关决策的特点和要求，分析决策制定的大环境和决策执行的条件要求，是制订行动计划的前提。由于计划安排的任务需要不同专业、不同年级的大学生利用一定的资源去完成，因此，计划的制订者还应该收集反映不同专业和不同年级学生的活动能力以及外部有关资源供应情况的资料，从而为计划制订提供依据。

②目标或任务分解。目标或任务分解是将决策确定的学校总体目标分解落实到各个部门、各个活动环节，将长期目标分解成各个阶段的分目标。通过分解，便可以确定学校的各个部分在未来各个时期的具体任务以及完成这些任务应达到的具体要求。分解的结果是形成学校的目标结构（包括目标的时间结构和空间结构）。目标结构描述了学校中较高层次目标（总体目标和长期目标）与较低层次目标（部门、环节、个人目标与各阶段目标）相互间的指导（如总体目标对部门目标、长期目标对阶段目标）与保证（部门目标对总体目标或阶段目标对长期目标）关系。

③目标结构分析。目标结构分析是研究较低层次目标对较高层次目标的保证能否落实，亦即分析学校在各个时期的具体目标是否能够实现，能否保证长期目标的达成。学校的各个部分的具体目标是否能够实现，能否保证整体目标的达成。如果处于较低层次的某个具体目标尚不能实现，那么就应该考虑能否采取一些补救措施，倘若做不到这一点，就应该考虑调整较高层次的目标要求，有时甚

至要对整个决策进行重新修订。

④综合平衡。一般而言，综合平衡工作应着眼于以下几点。一是分析由目标结构决定的或与目标结构对应的学校各部分在各时期的任务是否相互衔接和协调。具体来说，就是分析任务的时间平衡和空间平衡。时间平衡是要分析学校在各阶段的任务是否相互衔接，从而能否保证学校活动顺利进行；空间平衡则要研究学校的各个部分的任务是否保持相应的比例关系，从而能否保证学校的整体活动协调进行。二是研究学校活动的进行与资源供应的关系，分析学校能否在适当的时间筹集到适当品种和数量的资源，从而能否保证学校活动的连续性。三是分析不同环节在不同时间的任务与能力之间是否平衡，即研究学校的各个部分是否能够保证在任何时间都有足够的能力去完成规定的任务。由于学校的外部环境和活动条件会发生这样那样的变化，这样就可能导致任务的调整，因此，在任务与能力平衡的同时，还应该留有一定余地，以保证这种可能产生的调整在必要时能够顺利进行。

制订并下达执行计划。在综合平衡的基础上，学校便可以为各个部门制订各个时段的行动计划（如长期行动计划、年度行动计划、季度行动计划），并执行。

（2）高校教育管理计划的执行。制订计划的目的在于执行计划，而计划的执行需依靠学生管理工作者和大学生的共同努力。因此，能否保质保量完成计划，很大程度上取决于在计划执行过程中能否充分调动广大高校教育管理工作者和大学生的积极性。

（3）高校教育管理计划的调整。计划在执行过程中，有时需要根据实际情况的变化进行调整。这不仅是因为计划活动所处的客观环境可能发生变化，而且可能因为人们对客观环境的主观认识有了这样那样的改变。为了使大学生的各种组织活动更加符合环境特点的要求，必须对计划进行适时的调整。而滚动计划就是为了保证计划在执行过程中能够根据情况变化适时修正和调整的一种现代计划方法。这种方法根据计划的执行情况和环境变化情况定期修订未来的计划，并逐期向前移动，使短期计划、中期计划有机结合起来。由于计划工作中很难准确地预测将来影响发展的各种变化因素，而随着计划的延长，这种不确定性就越来大，如果一定要按几年以前的计划实施，可能会带来一些不必要的损失。采用滚动计划能够避免这种不确定性所带来的不良后果。滚动计划的基本做法是，制订好学校在一个时期的行动计划后，在执行过程中根据学校内外条件的变化定期地加以修改，使计划不断延伸，滚动向前。滚动计划方法主要应用于长期计划的制订和调整。这是因为，一般来说，长期计划面对的环境比较复杂，采用滚动计划可以根据环境变化和学校内部活动的实际进展情况适时进行调整，以便于使学校始终有一个为各部门、各阶段活动导向的长期计划。当然，这种计划方式也可以应用于短期计划工作，如年度和季度计划的制订和修订。

3. 高校教育管理组织

高校教育管理组织就是高校学生管理机构和学生工作管理者为了有效地实施既定的计划，通过建立管理机构，确定职位、职责和职权，协调相互联系，从而将组织内部各个要素联结成一个有机整体，使人、财、物、信息、时间、技术等资源得以最佳配置和利用。

高校教育管理机构设置是否科学合理，组织工作是否有效，直接关系到大学生的成长和未来发展，关系着高校教育管理目标的实现。要有效地实施高校教育管理，一定要使高校教育管理组织机构科学化、合理化，为此，就需要构建一套科学的高校教育管理机构并使之有效发挥职能。

（1）高校教育管理机构及其职能。目前，各高校的学生管理工作已形成了比较一致的组织结构形式，具体表现为：学校党委和学校行政→校党委副书记和副校长→学生工作处和团委→院系党总支副书记→年级辅导员→学生会。

①学生工作处。学生工作处同时具有行政管理职能和思想政治教育职能，既负责学生的招生、就业、奖惩、生活指导、日常行为管理等行政管理工作，又负责新生入学教育、日常思想教育和毕业生就业思想教育，如此安排为管理和教育有机结合提供了组织保障，有益于全校学生工作在学校党委宏观指导下有步骤有计划地进行，克服管理和教育脱节"两张皮"现象。

②团委。团委在高校教育管理方面的主要职能是：在学校党委的领导下，全面负责大学生团组织的建设和管理；负责对学生会和学生社团的管理和指导；组织和指导学生的社会实践活动和志愿者活动等。

③学生会。学生会具有比较完整的组织系统，包括校学生会、院（系）学生会以及各班级的班委会。学生会具有比较严密的管理系统，各部门、各成员之间既有分工也有合作，既是相对独立的，又是一个整体。要使高校教育管理工作有效实施，必须完善、巩固和依靠学生会组织。对学生会组织，学校上级管理部门除了给予必要的指导外，在财力上也要给予一定的支持。同时还应该给予他们一定的权力和地位，充分发挥他们的积极性和主观能动性。因为学生会组织的结构设置涉及广大学生的方方面面，代表的是广大学生的利益，所以如何使学生会组织真正起到学生与学校之间的桥梁作用，对有效实施高校教育管理非常重要。

④大学生自我管理委员会。目前，有一些高校开始尝试设置大学生自我管理委员会，它一般挂靠在校学生工作处和团委，下面设立生活保障部、宿舍管理部和风纪监察部等机构。生活保障部的主要任务是参与创建文明食堂的宣传和教育，其目的在于美化就餐环境，维护就餐秩序，对不文明行为进行纠正和制止，创建文明的生活环境。宿舍管理部主要是与学校宿舍管理办公室或物业管理部门共同对宿舍进行管理，以求为广大学生营造一个清洁、安静、舒适的学习和生活环境。风纪监察部的主要职责在于整治校园环境，可定时、定点或随时随地对学生中发生的违纪行为进行监察，同时还承担着维护食堂秩序、学校巡视以及检查学生上课迟到、早退等方面的工作。

（2）高校教育管理工作者的职务设计。著名管理学家哈罗德·孔茨说过："为了使人们能为实现目标而有效地工作，就必须设计和维持一种职务结构，这就是组织管理职能的目的。"为了提升高校教育管理工作成效，各高校正在进行学生管理工作者的新的职务设计，力求实现学生管理工作者的"三化"——职业化、专业化和专家化。高校教育管理工作是集理论性、知识性、实践性、时代性和时效性于一体的工作，它致力于大学生的成长和发展，应该成为一种专门的职业。学生管理工作者既应该是学生教育管理服务工作的多面手，又应该是学生就业指导、生活学习指导、成才指导、心理咨询、形势与政策教育等方面的专业人才，唯有如此才能满足学生管理工作的需要，提高管理成效。在实际工作中，不仅能应付日常事务，还要认真研究学生工作中出现的新问题，要像专家和学者那样，把学生管理工作当作一份事业去经营、去追求，掌握学生管理工作的规律和艺术，成为学生管理工作方面的专家学者。

（3）高校教育管理队伍的人员配备。为了进一步提高高校学生管理的水平和成效，各高校应该根据教育部的要求和实际工作需要，科学合理地配备足够数量的学生管理工作队伍，在保证数量的基础上，专兼职相结合，不断优化结构。目前，各高校的学生管理工作基本上采取院系主要负责制，由院党委副书记、专职辅导员及兼职辅导员协同工作。此外，基于目前大学生就业形势的日益严峻，不少高校在高校教育管理队伍中尝试配备职业指导人员，旨在为大学生成功就业提供指导和必要的帮助。

4. 高校教育管理控制

高校教育管理控制是对高校教育管理的计划、组织等管理活动及其效果进行测量和校正，以确保组织目标以及为此而拟订的计划得以实现的有效手段。高校教育管理控制是高校教育管理机构和每一位高校教育管理工作者的重要职责，正确和因地制宜地运用控制手段和方法是使控制工作更加有效的重要保证。

著名管理学家亨利·法约尔在《工业管理与一般管理》（1916）一书中认为，在一个组织中，控制就是核实所发生的每一件事是否符合所规定的计划，所发布的指示以及所确定的原则。其目的就是要指出计划实施过程中的缺点和错误，以便加以纠正和防止重犯。控制在每件事、每个人、每个行动上都起作用。因为在现代管理系统中，各组织要素的组合关系是多种多样的，时空变化和环境影响很大，内部运行和结构有时变化也很大，加上组织关系的复杂，处在这样一个复杂多变的系统中，如果组织缺少有效的控制，就很容易产生错乱，甚至偏离正确的轨道。著名管理学家亨利·西斯克在《工业管理与组织》（1985）一书中也指出，如果计划从来不需要修改，而且是在一个全能的领导人的指导之下，由一个完全安全均衡的组织完美无缺地来执行的，那就没有控制的必要了。然而，现实情况往往与理想状态相去甚远，计划总是赶不上变化，在执行计划的过程中总是或多或少地出现与计划不一致的现象，于是，控制便成为一种必需。控制是高校教育管理过程一个不可分割的部分，是管理的一项工作内容。但是，控制不同于强制，正如日本社会学家横山宁夫在《社会学概论》（1983）一书中所指出的，最有效并持续不断的控制不是强制，而是触发个人内在的自发控制。

（1）控制的类型。根据时机、对象和目的的不同，我们可以将控制分为以下三种类型。

①预先控制。预先控制是在活动开始之前进行的控制。控制的内容包括检查资源的筹备情况和预测其利用效果。

②现场控制。现场控制也被称为过程控制，是指活动开始之后对活动中的人和事进行指导和监督。对大学生的学习和活动进行现场监督的作用在于：首先，使学生以正确的方法进行学习、参加各种活动。通过现场监督，高校教育管理工作者可以直接向学生传授学习、参加各种活动的要领和技巧，纠正其错误的做法，从而提高大学生的学习能力和实践能力。其次，可以保证计划的执行和计划目标的实现。通过现场检查，高校教育管理工作者可以随时发现大学生在活动中与计划要求相偏离的现象，从而将问题消灭在萌芽状态。

③成果控制。成果控制亦即事后控制，是指在一项活动告一段落之后，对该活动的资源利用情况及其结果进行总结。由于成果控制发生在事后，因此对活动已经于事无补，其目的是总结经验教训，为未来计划的制订和活动的下一步推进提供借鉴。

（2）有效控制的要求。

①适时控制。古往今来，人们都非常注意对管理的控制，古人云："勿临渴而掘井，宜未雨而绸缪""凡事预则立，不预则废"，今人则强调："预防胜于救治。"因此，我们有理由说，最有效的控制不在于偏差或问题出现以后的处理和补救，而在于事先通过适时控制消除可能导致偏差或问题的各种可能性，从源头上防止偏差或问题的形成。这也就是说，纠正偏差和解决问题的最理想方法应该是在偏差或问题产生之前，就注意到偏差和问题产生的可能性，预先采取必要的防范措施，防止偏差或问题的产生。落实到具体操作上，就是建立预警系统，形成应急机制。该机制的目的是通过建立预警系统，对可能发生偏差或问题的对象的信息进行分析和研究，及时发现和识别潜在的或现实的偏差或问题，进行客观评估，采取防范措施，防止或减少偏差和问题发生的可能。具体做法可以由各学校根据自己的实际情况，建立一支由班级、院系有关师生组成的突发事件预警队伍，该队伍的每位成员都要接受专门的培训，并且明确职责和分工，定期对本

班、本系、本院的学生进行了解、评估和帮助，将有关的信息汇总到学校的突发事件干预机构，再由突发事件干预机构根据实际情况统一部署，采取相应的措施。与事后的亡羊补牢之举相比，事先的适时控制才是最重要的。与其在偏差或问题发生之后进行补救，莫若事先适时控制。

②适度控制。适度控制是指控制的范围、程度和频度要恰如其分，恰到好处。那么，如何才能做到这一点呢？一般来说，要注意以下三方面的问题。一是既要避免控制过多又要防止控制不足。没有人喜欢被控制，事实上，控制多半会招致被控制者的不快，大学生亦是如此，但不进行控制又是不现实的，因为失去控制往往会导致组织活动的混乱、低效甚至无效。那么，该如何对大学生的学习以及各种活动进行控制呢？行之有效的控制应该是既能满足对活动监督和检查的需要，又要防止与大学生产生激烈冲突。为此，要求高校教育管理工作者必须做到：注意避免控制过多，控制过多不仅会招致年轻大学生的反感，而且会扼杀他们学习和参加各种活动的积极性、主动性和首创精神，影响他们才能的发挥和能力的提高。防止控制不足，控制不足不仅会影响组织活动的有序进行，而且难以保证各层次活动进度和比例的协调，造成资源的浪费。此外，控制不足还可能导致大学生无视学校的正当合理要求，自由散漫、我行我素，破坏学校的校风校纪。二是全面控制与重点控制相结合。学校管理机构和学生管理工作者不可能，而且也没有必要不分轻重缓急、事无巨细对大学生的所有活动进行控制。适度控制要求学校在建立控制系统时利用 ABC 分析法和例外原则等工具，找出影响大学生活动效果的关键环节和关键因素，并据此在相关环节上建立预警系统或控制点，进行重点控制。三是控制的产出大于投入。一般来说，进行控制是要有投入的，衡量工作成绩和活动成效，分析偏差或失误产生的原因，以及为了纠正偏差和补救失误而采取的措施，都需要一定的花费。与此同时，任何控制，由于纠正或补救了工作或活动中的偏差或失误，又会带来一定的成效。因此，一项控制，只有当它的产出超过其投入时，才是值得的。

③客观控制。控制工作必须针对大学生学习和活动的实际情况，采取必要的纠偏措施和补救手段，促使其工作或活动继续有效推进。基于此，有效的控制必须是客观的，符合大学生实际情况的。客观的控制源于对大学生学习和活动的

实际情况及其变化的客观了解和评价。为此，控制过程中采用的检查、衡量方法必须能够准确反映大学生活动在时空上的变化程度，准确地判断和评价各部门、各环节的工作与计划要求相符或背离程度。

④弹性控制。俗话说：天有不测风云，人有旦夕祸福。大学生在学校学习以及参加各种活动时，难免遇到各种意想不到的突发问题或无力抗拒的变化，这些问题和变化可能会与原有的计划严重背离。而有效地控制即使在这样的情况下也应该能够继续发挥作用，维持正常运行。这也就是说，真正有效的控制应该是具有灵活性和弹性的。

二、高校教育管理的方法

科学实施高校教育管理，不仅要系统把握高校教育管理的过程，还要掌握行之有效的管理方法。高校教育管理的方法是复杂多样的，各种方法都有其特殊的作用和特点。全面掌握和正确运用高校教育管理的方法，是提高高校教育管理效率的关键。

（一）高校教育管理方法的内涵

高校教育管理方法，是指在管理活动中为实现管理目标、保证管理活动顺利进行所采取的工作方式。管理方法是管理过程中不可缺少的运作工具，它来自管理实践，又与管理理论的形成有着密切的关系。从某种意义上说，现代管理理论中一个又一个学派的出现，无不标志着管理方法的一次又一次创新。

管理方法作为管理理论、管理原理的自然延伸与具体化和实际化，是管理原理指导管理活动的必要中介和桥梁，是实现管理目标的途径和手段，管理理论必须通过管理方法才能在管理实践中发挥作用。管理方法的作用是任何管理理论、管理原理都无法替代的。如今，管理方法在吸收和运用多种学科理论和知识的基础上已逐步形成了一个相对独立、自成体系的领域。

（二）高校教育管理方法的类型及特点

随着高校教育管理方法的日渐成熟，高校教育管理方法也已逐渐形成了一个相对完整的管理方法体系。

1. 法律方法及其特点

高校教育管理的法律方法是指以法律规范以及具有法律规范性质的各种行为规则为手段，调节高校教育管理系统内外的各种关系，规范高校教育管理行为的管理方法。高校教育管理中所涉及的法律，既包括国家正式颁布的与高校教育管理相关的法规，也包括各级政府机关所制定的具有法律效力的有关高校教育管理工作的条例、规章和制度。法律方法的内容，不仅包括建立和健全各种法规，而且包括相应的司法工作和仲裁工作。这两个环节是相辅相成、缺一不可的。只有法规而缺乏司法和仲裁，就会使法规流于形式、无法发挥效力；法规不健全，司法和仲裁工作则无所依从，就会造成混乱。管理的法律方法具有以下特点。

（1）严肃性。法律和法规的制定必须严格按照法律规定程序进行，法律和法规一旦制定和颁布出来后就具有了相对的稳定性。法律和法规不可因人而异，必须保持它的严肃性。司法工作更是严肃的行为，必须通过严格的执法工作来维护法律的尊严。

（2）规范性。法律和法规是所有组织和个人行动的统一准则，对人们有同等的约束性。法律和法规都是用极严格的语言准确阐释其含义，并且只允许对它做出一种意义的解释。法律和法规之间不允许相互冲突，法规应服从于法律，法律应服从于宪法。

（3）强制性。法律法规一经制定就要强制执行，每个公民都应该毫无例外地遵守。否则，就要受到国家强制力量的惩处。

2. 行政方法及其特点

行政方法是指依靠行政组织的权威，运用命令、规定、指示条例等行政手段，按照行政系统和层次，以权威和服从为前提，直接指挥下属工作的管理方法。行政方法的实质是通过行政组织中的职务和职位来进行管理的。它特别强调职责、职权、职位，而并非个人的能力和特权。因为在行政管理系统中，各个层次所掌握的信息也应当是不对称的，所以才有了行政的权威。上级指挥下级，完全是由高一级的职位所决定的。下级服从上级是对上级所拥有的管理权限的服从。行政方法实际上就是行使政治权威，其主要有以下特点。

（1）权威性。行政方法所依托的基础是管理机构和管理者的权威。管理者权威越高，他所发出的指令的接收率就越高。提高各级领导的权威，是运用行政管理方法的前提，也是提高行政方法有效性的基础。对高校教育管理工作者而言，必须努力以自己优良的品质、卓越的才能去增强管理权威，而不能仅仅依靠职位带来的权力来强化权威。

（2）强制性。行政权力机构所发出的命令、指示、规定等对管理对象具有不同程度的强制性。行政方法就是通过这种强制性来达到指挥与控制管理活动的目的。但是，行政强制与法律强制是有区别的，法律的强制性是通过国家机器和司法机构来执行的，只准许人们可以做什么和不可以做什么；而行政的强制性是要求人们在行动和目标上服从统一的意志，它在行动的原则上高度统一，但允许人们在方法上灵活多样。行政的强制性是由一系列的强制措施作为保证来执行的。

（3）垂直性。行政方法是通过行政系统和行政层次来实施管理的，因此基本上属于纵向垂直管理。行政指令一般都是自上而下，通过纵向直线下达。下级组织和领导人只接受一个上级的领导和指挥，横向传来的指令基本上没有约束力。因此，行政方法的运用，必须坚持纵向的自上而下，切忌通过横向传达指令。

（4）具体性。相对其他方法而言，行政方法比较具体。不仅行政指令的对象和内容是具体的，而且在实施过程中的具体方法上也因对象、目的和时间的变化而变化。因此，任何行政指令往往都是在某一特定的时间内对某一特定的对象起作用，具有明确的指向性和时效性。

（5）无偿性。运用行政方法进行管理，上级组织对下级组织的人、财、物等的调动和使用不按等价交换的原则，一切根据行政管理的需要，不考虑价值补偿问题。

（6）稳定性。行政方法是对特定组织行政系统范围内适用的管理方法。由于行政系统一般都有严密的组织机构、统一的目标、统一的行动，以及强有力的调节和控制，对于外部因素的干扰有着较强的抵抗作用，因此，运用行政方法进行管理可以使组织有较高的稳定性。

3．经济方法及其特点

经济方法是运用各种经济手段，调节各种不同经济利益之间的关系，以获取较高的经济效益和社会效益的管理方法。对高校教育管理而言，所谓的经济手段主要包括奖学金和罚款等。奖学金是指政府、学校、社会为表彰和鼓励优秀学生而设立的一种精神或物质奖励，其设置具有激励效应。这种激励效应是通过评奖评优等外在因素的刺激，使学生完成目标的行为总是处于高度积极状态，以进一步鼓励、激发、调动其内在的积极因素，即通过对优秀者、先进者某种行为的肯定和奖励以及对优秀事迹的宣传，达到鼓励先进，鞭策后进，引导全体学生共同进步、全面成才之目的。奖学金的项目和条件应能表达学校管理者对学生的期望，并且能对学生的行为方向和努力目标具有引导作用。罚款是对大学生违反规章制度给学校造成危害的行为所进行的经济惩罚。它可以制约和收敛某些人的不轨行为。但是，罚款的名目和数额要适当，不能滥用。要防止用罚款来代替管理工作和思想工作的倾向，以免招致学生的不满和反对。奖励和惩罚最重要的是严明，该奖即奖，当罚则罚，激励正气，祛除邪气。只有这样，才能使奖学金和罚款成为真正的管理手段。经济方法具有以下特点。

（1）利益性。经济方法是通过利益机制来引导被管理者去追求某种利益，间接影响被管理者的一种方法。

（2）关联性。经济方法的使用范围很广，不但各种经济手段之间的关系错综复杂，影响面宽，而且每种经济手段的变化都会影响到多方面的连锁反应。有时它不仅影响当前，而且会波及长远，产生一些难以预料的后果。

（3）灵活性。一方面，经济方法针对不同的管理对象可以采用不同的管理手段；另一方面，对于同一管理对象可以在不同情况下采用不同方式来进行管理。

（4）平等性。经济方法承认被管理的组织和个人在获取自己的经济利益上是平等的。学校按照统一的价值尺度来计算和分配成果。各种经济手段的运用对相同情况的大学生具有相同的效力。

4．教育方法及其特点

教育是指按照一定的目的、要求对受教育者从德、智、体、美、劳诸方面施加影响的一种有计划的活动。高校教育管理中的教育方法主要是指通过深入细致的思想政治教育，激发大学生的积极性和主动性，引导大学生的思想和行为，以实现高校教育管理职能的管理方法。教育是管理的基本方法之一。这是因为，管理的中心是人，而人的行为总是受一定的思想支配和制约的，因此，在管理中就要注意做好人的思想工作，通过影响人们的思想去影响人们的行为，从而促进组织目标的实现。而高校教育管理作为大学生教育和培养工作中的一个重要组成部分，更要注重运用教育的手段，以增强高校教育管理的教育性。教育方法具有以下几方面的特点。

（1）启发性。教育方法重在通过通情达理的说服，启发大学生认同学校教育与管理的目标，并把个人的目标与学校教育与管理的目标紧密结合起来，从而使大学生能够自觉地遵循大学生行为规范，积极主动地为实现学校的教育与管理目标而努力。

（2）示范性。高校教育管理的目的在于促进大学生的全面发展，使其个性得到张扬和完善。在这个过程中，高校教育管理工作者的言传身教、人格魅力对大学生起着十分重要的示范作用。

（3）潜在性。大学生思想教育是一个春风化雨、润物细无声的过程，是一个全身心投入、彼此产生共鸣的过程，因此具有潜在性的特点。

（4）长效性。运用教育方法，可以帮助和引导大学生树立正确的世界观、人生观和价值观，从而对他们的行为起到持久的引导、激励和规范作用。

（三）高校教育管理的主要方法

高校教育管理方法一方面要接受管理理论的指导；另一方面又以自身的发展促进管理理论的深化和发展。因为大学生的活动及其形式总是千变万化的，现实的条件也不可能总一成不变，因此实际的管理不可能照搬照套固定模式，这一点就像著名管理咨询家汤姆·彼得斯所说："管理根本不存在一般模式，即使有也不是成功的标志……"当然，管理并非无规可循，它也有一定的规则和原理，但正如有人所说："管理如同下棋，管理的规则和范例如棋谱，分析棋谱绝对对棋艺的精进有帮助，但是棋谱不可能重复，一旦置身于问题的迷阵之中，解决的方法便没有规则可循了。因此，原则自然要相信它，但应用时就要艺术化，而且要使自己明白没有任何东西是可以永恒的，世上没有最好的管理方法，谁说知道了管理的永恒法则，上帝都会窃笑而已，任何执着于书本和信条的人都是傻瓜。"由此可见，采用任何管理方法都要有一定的灵活性，要具体问题具体分析，过分执着于信条往往事与愿违。

1. 目标管理的方法

目标管理是 1954 年由管理大师彼得·德鲁克提出来的，德鲁克认为，为了充分发挥不同组织成员在计划执行中的作用，协调他们的努力，必须把组织任务转化成总目标，并根据目标活动及组织结构的特点分解为各个部门和层次的分目标，组织的各级管理人员根据分目标的要求对下级的工作进行指导和控制。目标管理要求组织内的每一个人、每一个部门全力配合实现组织的目标，对于分内的工作自行设定目标，决定方针，编订制度，以最有效能的方法达成目标，并经由检查、绩效考核、评估目标达成状况及尚需改善之处，作为后续目标设定的参考依据。

（1）目标管理的程序。

①设定目标。设定目标包括确定学校的总目标和各部门的分目标。总目标是学校在未来从事活动要达到的状况和水平，其实现有赖于全体成员的共同努力。为了协调大学生在不同时间、地点的努力，各个部门的各个成员都要建立和学校目标相结合的分目标。这样就形成了一个以学校目标为中心的一贯到底的目标体系。在设定每个部门和每个成员的目标时，高校教育管理部门和学生管理工作者要向学生提出自己的方针和目标，学生也要根据学生管理部门和学生管理工作者的方针和目标制定自己的目标方案，在此基础上进行协调，最后由学生管理部门和学生管理工作者综合考虑后做出决定。具体来说，设定目标就是要做到每个院系、每个班级在不同的阶段都要设定不同的目标，如学习目标、实践能力目标、纪律目标、卫生目标以及道德修养和人生理想目标，并以此作为努力的方向。同时，还要注意目标的设定一定要明确清晰、能够量化。要求要适度，既要具有挑战性，又是通过努力可以达成的。最后还要为目标的实现确定一定的时限，即目标实现要有一定的时间限定，不能无休止。

②执行目标。各层次、各院系的大学生为了达成目标，必须从事一定的活

动，同时在活动中必须利用一定的资源。为了保证他们有条件组织目标活动，就必须赋予他们相应的权力，使之能够调动和利用必要的资源。有了目标，大学生便会明确努力的方向，而有了权力，就会产生强烈的与权力使用相应的责任心，从而充分发挥自己的判断能力和创造能力，使目标执行活动有效地进行。

③评价结果。成果评价既是实行奖惩的依据，也是上下左右沟通的机会，同时还是自我控制和自我激励的手段。成果评价包括学生管理机构和学生管理工作者对学生的评价，学生对学生管理机构和学生管理工作者的评价，同级关系部门相互之间的评价以及各层次的自我评价。这种上、下级之间的相互评价有利于信息和意见的沟通，也有益于组织活动的控制。而横向的关系部门相互之间的评价，也有利于保证不同环节的活动协调进行。而各层次中学生的自我评价，则有利于促进他们的自我激励、自我控制以及自我完善。

④实行奖惩。学生管理部门和学生管理工作者对不同成员的奖惩，是以上述各种评价的综合结果为依据的。奖惩可以是物质的，也可以是精神的。公平合理的奖惩有利于维持和调动大学生饱满的工作热情和积极性，奖惩有失公正，则会影响大学生行为的改善。

⑤确定新目标。开始新的目标的管理循环。成果评价与成员行为奖赏，既是对某一阶段组织活动效果以及成员贡献的总结，同时也为下一阶段的工作提供了参考和借鉴。在此基础上，为各组织及其各层次、部门的活动制定新的目标并组织实施，便展开了目标管理的新一轮循环。

（2）实施目标管理应遵循的原则。

①授权原则。即在大学生实施目标的过程中，学生管理工作者要能够给予学生适度授权。

②协助原则。即学生管理工作者要给学生提供有关资讯及协助，并且要帮助他们排除实际执行中的一些困难，解决一些问题。

③训练原则。作为高校学生管理工作者，一方面要进行自我训练，以不断提高自己目标管理的水平，另一方面还要训练学生，帮助他们掌握相关的方法。

④控制原则。目标的实现是有期限的，为了确保目标的顺利实现，学生管理部门和学生管理工作者在每一阶段中都要对学生的活动加以监督、检查，对出

现的问题及时进行协助矫正。

⑤成果评价原则。成果评价原则由一系列原则构成，这些原则包括公开、公平、公正和成果共享原则。坚持公开原则就是要求公开评估，如学生进行自我评估，学生管理工作者进行客观评估。坚持公正和公平原则就是本着对事不对人的原则对目标达成情况进行客观比较。坚持成果共享原则要求充分肯定学生的成绩，将成绩归于学生。

2. 民主管理的方法

当前的高校教育管理工作中，实施民主管理势在必行。对民主的追求是人的一种高层次追求。民主与人的素质有关，大学生作为文化素质比较高的人群对民主会有更高、更切实的要求。对大学生实施民主管理，不仅有助于大学生学习、生活和社会实践活动的有效进行，也有利于大学生实现自身的全面发展。实施民主管理，应着力做到以下几点。

（1）尊重学生的主体性。对大学生进行民主管理，就是要求在对大学生的管理中重视人的因素，也就是重视大学生的主体性，把大学生视为具有独立人格的个体。目前，有些学生工作管理者忽视学生的主体地位和平等独立的人格，如部分规章制度都是在学生不知情的情况下制定出来并要求学生遵守的，学生在这一过程中完全处于被动的地位。再如，为了执行上级任务，忽视学生主体意愿，单方面强制性开展活动。要实施民主管理，高校教育管理工作者必须改变态度，充分尊重大学生的主体地位，将其视为实现教育目标的主体，实现学校特别是高校教育管理工作者与学生之间的互动，倾听他们的心声，反映他们的要求。对大学生的重视和尊重，会激发大学生对学校和学生工作管理者的信任和合作态度，进而支持其工作，如此就会达成学校和高校教育管理工作者与大学生之间的相互信任、相互支持，从而取得良好的管理效果。

（2）正确认识学生的价值。高校教育管理的对象是大学生，高校教育管理的目的在于促进大学生身心健康的发展，使其个性得到张扬。在高校教育管理中，应该充分发扬民主，把大学生既看作高校学生管理工作的对象，又看作管理的主体。目前，有些高校的学生工作管理者在进行管理和教育的过程中，缺乏民主，忽视人的自觉性，重制度，轻教育，工作简单粗暴，奉行惩办主义，脱离育人的宗旨，导致师生关系紧张，这种管理方法必须摒弃，应转而采取民主的方法。着力培养大学生的主体意识，引导大学生自我管理、自我教育、自我服务、自主发展等，促使其主体能力最大限度地发挥，为日后走向社会、走向工作岗位打下坚实基础。

（3）建立学生参与管理的新型管理模式。从大学生的心理特征来看，他们正处于心理自我发现期，这一时期产生了认识和支配自我、支配环境的强烈意识，他们的思想和行为表现明显区别于中学生的相对独立的倾向，希望自己的意志和人格受到外界更多的尊重。他们对学校制定的规章制度、行为纪律会思考其合理性，不想被动地处于服从和遵守的地位，而是要求参与管理。根据大学生的这一心理特点，高校教育管理应该打破传统的专制管理模式，激励大学生在管理中的主动精神和主人翁态度，鼓励大学生对学校的各项工作进行策略思考，形成民主管理的良好氛围，使学生真正参与到高校事务中，体现学生的主体地位。如建立学校与学生的平等对话关系，让他们参与到教学工作、管理工作、后勤工作、社团工作中，这样不仅可以减少潜在冲突的发生，而且可以改善学校及学生管理工作者与学生的关系，建立彼此合作、相互依赖、相互尊重、平等对话的良性互动关系和双方主体间的伙伴关系。

3. 刚性管理的方法

刚性管理，是指以规章制度为核心，凭借制度约束、纪律监督、奖惩规则等手段对组织成员进行管理。刚性管理是一种强调严格的控制，采取纵向高度集权的，以规章制度为核心的管理。规章制度往往是以规定、条文、标准、纪律、指标等形式出现，强调外在的监督与控制，具有很强的导向性、控制性，其约束力是明确的。俗话说：没有规矩，不成方圆。任何一个组织机构，它的正常运行和发挥效益都离不开严格的制度和规范。刚性管理是保证一个组织健康、正常运转所必要的管理机制的一个有机组成部分，它是以"合于法"为基本思路的管理方式和手段。

大学生正处于成长的关键时期，极易受外界环境的影响，惰性的增长较为容易，判断能力、自我控制能力也比较差。在自身发展过程中，表现出强烈的自我矛盾倾向。如自我意识虽强，但缺乏自我监督、约束和调控的能力。有自我设计、自我奋斗、自我选择、自我发展的欲望，但是又受到自身素质、能力和社会环境的限制。在如此情形下，刚性管理不仅是必要的，而且是行之有效的。刚性管理的出发点并不是为了惩罚学生，而是在"法理"的前提下，达到正确规范学生，约束学生的行为，进而维护学校秩序，提高教育教学质量，提升学生的学习和活动效率，促进学生成长的目的。

刚性管理强调以外在的规范为主，它主要通过各项政策、法令、规章、制度形成有序的行为。管理者的意志通过这些具体条文体现，学生的一切行为都有章可循、有据可依，是非功过的评说都有统一的标准、统一的尺度。这些有形的东西不仅具有很强的可操作性，使学生有明确的行动方向，而且给学生以安全感和依托感，使学生放心地、充满希望地在制度框架内自由行动。实施刚性管理，应着力抓好以下几个环节。

（1）依法治校、依法管理，构建宏观管理体系。以管理主体结构为基础，构建新的学生宏观管理体系，以法制建设为手段，保证宏观管理的有序高效运行。随着教育活动层次和范围的不断拓展，教育行为的社会背景也发生了许多变化，学生不再被简单地当作学校管理的相对人，而是学校内部关系的权利主体，不仅承担义务，而且享有权利。2017 年，教育部新颁布的《普通高等学校学生管理规定》，明确提出了学生所享有的六项权利和应该履行的六项义务，为学生管理内容和范围提供了依据。

（2）制定校纪校规，严格管理。学校为了维护教学秩序和教育环境，必须对违反校规和屡犯错误的学生（如考试作弊、旷课、斗殴等）给予处分。当然，在管理制度上对违纪的处分标准要依法和清晰，不能恣意专断地滥用学生管理权。在做出涉及学生权益的管理行为时，必须遵守权限、条件、时限以及告知、送达等程序义务，做到程序正当、证据充分、依据明确、处分恰当。

（3）建立日常工作制度。学生管理的日常工作，有相当一部分是可预见的，有规律可循的。建立规范化的日常工作制度，既可以为学生工作在执行、管理方面提供制度上的保障，也便于监督，同时还能够提高工作效率，降低工作成本，减少违纪现象。

4. 柔性管理的方法

柔性管理是相对刚性管理提出来的。进入 21 世纪，人类对管理的要求已经不单单停留在严格、规范、科学的层面，而是更强调人性间的相互关怀和人格尊重，旨在不断追求人与人之间的情感互动和心灵共鸣，从而共同实现组织目标。促进人的全面发展的管理活动越来越为人们所接受并运用。柔性管理便应运而生。高校教育管理亦是如此，它面对的是有思想、有感情、有追求的大学生，单纯的刚性管理已不能完全解决高校教育管理中面临的许多问题，必须辅之以柔性管理。柔性管理坚持以人为中心，注重人文关怀和心理沟通，强调通过营造和谐的组织文化和共同的价值观，以增强组织的向心力和凝聚力，从内心深处激发每个成员的积极性、主动性和创造性。柔性管理是刚性管理的完善和升华，以刚性管理为基础和前提，旨在使组织焕发生机和活力。如果说刚性管理更多地表现为静态的外显行为，那么柔性管理则更多地表现为动态内隐的心理认同。但对于高校教育管理而言，不管是刚性管理，还是柔性管理，其落脚点都是为了促进大学生的成长发展。因此这两种方法在高校教育管理中如同车之两轮，鸟之两翼，是相辅相成的，应该做到"共融、共生、共建"，实现刚柔相济。

对高校学生管理工作者来说，柔性管理的精髓在于以学生为本，注重人文关怀，它强调在尊重大学生人格和尊严的基础上，充分发挥大学生的积极性、主动性和创新精神，使之在大学的学习、生活、能力培养、品格塑造、校园活动以及社会实践方面变被动为主动，变消极为积极，变他律为自律，促进大学生自我管理、自我约束、自我完善，趋善避恶，使之成长为适应社会需求的高素质、强能力、富有良好潜质和优秀品格的优秀人才。

实施柔性管理，应该遵循以下几项基本要求。

（1）确立"以学生为本"的管理理念。学生管理工作者在对大学生的管理中，必须确立"以学生为本"的管理理念，将"一切为了学生，为了学生的一切，为一切的学生"作为工作的出发点，整个学生工作围绕学生的全面发展来展开。为此，必须改革以管理者和管理制度为中心的传统管理，实现工作方式方法由管理型向引导服务型转变，由说教型向示范型转变，真正体现"以学生为本"的工作态度，把保障和维护学生的利益放在所有工作的首位，以促进大学生全面协调发展为目标，把管理与大学生的幸福、自由、尊严、价值目标联系在一起，切实做到在情感上感动学生，在人格上尊重学生，在学习上激励学生，在生活上关心学生，在成才上引导学生。尽一切力量在学生的学习、生活、实践等方面予以帮助和指导，最大限度地满足每一个学生成长成才的需要。

（2）进行个性化管理。柔性管理的职能之一就是协调，而协调关系只能从个体开始。也就是说，学生管理工作者必须与具体的学生打交道，在打交道中形成共识，形成相似。心理学家在对魅力的研究中发现，人们对于与自己相似的个体容易保持好感，这是"相似性吸引"使然。因此，学生管理工作者应该由个体入手进行工作，实施个性化管理，凡事因人、因事、因时、因地而异，充分考虑学生的个性特点、兴趣爱好、个人定位、个人素质和能力、优势劣势以及未来的职业目标等因素，既考虑学生思想动态、心理变化以及需求的共性，又要兼顾学生不同性格特点、兴趣爱好、未来职业选择和职业目标的差异性，进行有针对性（必要时可以一对一）的个性化管理。

（3）发挥大学文化的引领作用。大学文化虽然是一只无形的手，看不见的手，但却是一所大学的灵魂之所在，它在塑造大学个性、凝聚广大师生员工的精神和灵魂方面发挥着巨大作用。健康向上、充满活力且体现时代精神的大学文化对学生价值观的形成、行为的规范、素养的提升具有潜移默化的影响，因此，在柔性管理中，应该发挥大学文化的引领作用，有针对性地将大学文化融于院风、班风、学风的建设之中，甚至融于一切活动中，以此培养大学生健康向上、积极进取的精神和良好的行为，使之不仅学会做事——掌握知识、发展能力，而且学会做人——养成良好习惯，形成健康人格、优良品德，促进大学生的自我完善和不断成长。

（4）建立健全激励机制。没有激励就没有动力，从某种意义上说，对大学生的管理就是围绕着激励展开的，激励是大学生自主性、主动性、积极性、创造性和潜力得以持续发展的动力源泉。从管理学角度来看，人的所有行为皆由动机支配，动机又由需要来引发，无论何种行为，其方向都会指向目标，并进而满足需要。基于此，对大学生的管理也必须从培养全面发展的、适应社会需要的人才出发，从大学生的具体需要、动机、行为、目标入手，建立健全大学生激励机制，关注大学生的思想、情感、心理以及行动，帮助学生进行目标管理，指导学生进行职业生涯规划，为每个人的个性化发展拓宽空间。创造一种激励学生提高素质、强化能力、健全人格、激发创新、追求卓越的文化环境，激发学生夯实专业基础、不断提高能力水平、加强思想品德修炼，使之成为有理想、有目标、有追求、有能力的优秀人才。

（5）注重身体力行。彼得·德鲁克在《有效的管理者》一书前言中指出：管理工作在很大程度上是要身体力行的，如果管理者不懂得如何在自己的工作中做到卓有成效，就会给其他人树立错误的榜样。高校教育管理的形式多种多样，诸如树立典型、学习材料、宣讲规范、个别谈心、反例警示、创造环境等，其中运用最多的是言教，而效果最好的是身教。身教重于言教。孔子说："其身正，不令而行；其身不正，虽令不从。"当代大学生崇尚人格魅力，高校学生管理人员要实现对大学生的有效管理，必须首先赢得大学生的尊重。而要做到这一点，除了自身德才兼备，还必须以自己的真诚无私去换取学生的真诚无私，以自己的善良正派去构筑学生的善良正派，以自己的务实强干去引领学生的务实强干，以自己的纯洁美好去塑造学生的纯洁美好。唯如此，学生管理工作者才能以榜样的力量激励学生，以高尚的人格感染学生，以实际的行动带动学生，使之产生强烈的认同感，消除其对抗情绪和逆反心理，促使其真正做到言行一致，知行合一。大量事实证明，学生管理工作者的身体力行，不仅可以提高管理的实效性，还可以减少重复劳动和无效工作。

5．系统管理的方法

系统管理，即将相互关联的过程作为系统加以识别、理解和管理，以便于组织提高实现目标的有效性和效率。

高校教育管理具有系统性管理的特点，主要表现在以下几方面：一是整体性。高校教育管理作为一个系统是由多个子系统组成的，如教学管理、生活管理、社团管理、社会实践管理、就业管理等，这些子系统之间既是相互独立的，又是相互依存、相互影响和相互制约的。根据系统论思想，如果整个学生管理系统的各个子系统的功能都能发挥正常，那么整体的功能就会比较理想。即使某些子系统的功能发挥不甚理想，只要能够组成一个良好的有机整体，一般情况下也能够取得较为理想的效果，这就是所谓的整体大于部分之和。二是关联性。高校教育管理工作中的各要素既相互区别，又相互联系、相互作用、相互依存，并各有分工。例如，社团管理与社会实践管理尽管分工不同，但彼此之间却又紧密相连，很多时候会表现得你中有我，我中有你。三是环境适应性。特定的环境会造就特定的管理，高校教育管理离不开特定的环境，如大学生专业知识的学习、实践能力的打造、品格素养的修炼等都需要在一定的环境中进行，离开一定环境是不可想象的。学生管理工作只有具备了环境的适应性，能够适应环境、有效利用环境提供的有利条件，才会富有成效。四是动态平衡性。学生管理系统的各要素在时间、空间和资源上的不同组合，会随着宏观环境即社会的变化发展而变化发展，对宏观环境要保持灵敏的适应性。例如，在当今金融危机背景下，社会对大学毕业生的素质能力提出了新的要求，上手快、学习能力强、富有创新精神成为许多用人单位的共同诉求，这就要求我们的学生管理工作必须改变传统的重知识灌输、轻学习能力和创新能力培养的教学管理模式，变单纯的知识教育为知识与能力培养并重，加大社会实践的力度以适应社会需求。与此同时，还须保持系统的动态平衡，即让系统的各要素在各环节上保持相应的比例关系，以免系统内部失调，影响整个系统的正常运转。五是目的性。高校教育管理系统是一个具有多种目标的系统。在这一系统中，既有总目标，又有分目标，总目标、分目标有机结合形成一个目标体系，通过目标体系的不断优化，实现资源的有效利用。例如，一方面要最大限度地利用学校资源，另一方面还可以争取社会上一切可能的资源为我所用，以此推动学生管理工作的突破，使之为学生提供最大的发展空间。

在高校教育管理工作中实施系统管理，应着力抓好以下几个环节。

（1）建立一个多维立体的高校教育管理体系，以最佳效果和最高效率实现管理目标。这一体系应包括一种高校教育管理的组织结构，一种符合大学生学习、成长特点和进一步发展的管理模式，一套标准化的工作流程，一套科学完善的高校教育管理工作制度，一套行之有效的管理运作方法等。

（2）正确理解和把握体系内各过程的相互依赖关系。在一个体系中，各过程是紧密相连的，往往会牵一发而动全身。因此，作为高校教育管理工作者，应该力争在学生工作管理过程中做到统筹兼顾，实现体系内各个过程之间的相互协调、相互配合，谋求"1+1 > 2"的效果。

（3）各部门及人员须正确认识和理解为实现共同的目标各自所必须发挥的作用和担负的责任。作为同一系统的各层次、各部门的管理人员必须各尽其职，各负其责，这样才能减少职能交叉造成的障碍，顺利实现高校教育管理的目标。

（4）高校教育管理的决策者必须准确判断各个管理部门的组织能力，在行动前确定资源的局限性，避免因决策失误或考虑不周而造成人力、物力、财力的浪费。

（5）设定目标，并据此制订计划、设计方案，确定如何有效运作本体系中的一些特殊活动，使之能够高水平完成。

（6）通过测量和评估，持续改进体系。通过研究制定完善测量、评估制度与办法，探索建立评估制度体系，加强对评估指标体系和规范简便评估办法的研究，及时进行检查和评估，从而不断提高高校教育管理的质量与水平，努力推进高校教育管理目标的实现。

第二章

高校教育管理的体制分析

教育管理体制是依据国家制定的方针、政策、法令和规章制度建立起来的管理教育事业的组织机构及其运作规范的总称，包括教育办学体制、教育投资体制、教育行政体制、学校内部管理体制。教育管理体制在教育管理活动中的地位举足轻重，它对教育管理的人力、物力、财力、时间、空间、信息等要素的配置方式及其管理绩效都有着至关重要的影响。只有不断推进教育管理体制的改革与创新，才能为教育事业的可持续、健康发展提供良好的制度基础。

第一节　高等教育管理体制概述

一、高等教育管理体制的含义

高等教育管理体制是高等教育在管理机构设置、领导隶属关系和管理权限划分等方面的体系、制度、方法、形式等的总称。它属于上层建筑的范畴，它与一定的社会制度密切相关，它既是一定历史时期生产力水平的反映，又与一定的生产关系的发展相联系，是我们整个国家管理体制的一个重要方面。它随着高等教育的出现而产生，随着高等教育事业的发展而变化。高等教育的管理体制，就其组织体系的结构来说，主要分为三层：高层管理、中层管理和基层管理，现在通常把高等教育管理体制中的前两层称为高等教育的宏观管理，第三层称为高等教育的微观管理，即高等学校的内部管理。因此，高等教育的管理体制便包括高等教育的宏观管理体制和高等学校的内部管理体制。

　　高等教育体制结构是国家政体结构的一个组成部分，主要受国家政治制度、国家政体形式、生产资料所有制形式及民族文化传统的制约。不同的国家，高等教育体制结构的表现形式不同，通常人们把当前世界各国高等教育的体制结构划分为三种模式：①集权型高等教育体制结构。这是一种高等教育完全由国家举办，高等教育系统的决策权高度集中于系统最高层——中央政府，由中央政府通过一定的计划、法律、命令、拨款、监督和行政手段来直接调节高等教育系统的管理体制。②分权型高等教育体制结构。这种体制结构是指高等教育系统的决策权力不集中在中央政府，而是由地方政府或利益集团来独立行使高等教育决策权的一种管理体制。③混合型高等教育体制结构。这是一种由中央政府和地方政府共同承担发展高等教育的责任，双方均享有高等教育的决策权，共同管理高等教育的一种体制结构。

二、高等教育管理体制的功能

（一）高等教育管理体制的主要功能

　　高等教育管理体制的主要功能有以下四个方面：第一，通过规划与立法协调、指导高等教育发展，使之与社会政治、经济、科技、文化发展相适应，并确保高等教育在整个社会系统中的应有地位。第二，通过经费筹措及拨款，解决高等学校办学经费的后顾之忧，并体现政府对高等教育发展的导向作用。第三，通过评估与监督，保证高等学校的办学方向、办学水平、办学质量。第四，通过协调与指导，保证高等教育系统内部各个子系统间的相互配合、协调发展。同时，高等教育管理体制也是一项系统工程。高等教育系统可分为：决策系统、执行系统、指挥系统、监督—反馈系统。决策系统主要是对高等教育系统进行规划和控制，掌握高等教育活动的信息，控制高等教育活动所需资源的合理分配，对高等教育的发展进行战略上的设计。执行系统包括从事具体的教学与科研活动机构，具体地组织和实施系统培养高级专门人才的根本任务。指挥系统介于决策系统与执行系统之间，它把决策系统的指令具体化于执行系统的活动之中。监督—反馈系统对整个系统的运行状态进行监控，同时又为决策系统提供反馈信息，把系统运行中的种种问题反映到决策系统，帮助决策系统进行科学的决策。

（二）科学设置高等教育管理体制的原则

为了使高等教育管理体制进入高效和优化的状态，管理体制的科学设置非常关键。一般应遵循下列原则。

1. 兼收并蓄的原则

我国现行的高等教育管理机构是根据我国历史，特别是近现代高等教育发展的需要，对管理机构不断充实调整提高的产物。同时也注意吸取苏联、欧洲诸国及美国、加拿大等国的经验与教训，形成具有中国特色的高等教育管理机构体系。

2. 分工明确又互相协调的原则

分工明确有两层含义：一是指各级管理机构职责分明；二是指同级管理机构内，各部门之间分工明确。同时上下级之间、各部门之间必须很好地协调和配合，分工不分家。

3. 宏观控制与微观搞活相结合的原则

管理层次和控制幅度必须清楚。各级管理机构和各管理部门必须职责明确，上级管理机构对下级究竟管到哪一层、各部门究竟须控制多大的幅度，都须明确。明确管理层次和控制幅度是处理好宏观控制和微观搞活的重要前提，也是机构设置的理论依据。

4. 民主与科学相统一的原则

当高等教育发展较快时，往往会因需而设立一些管理部门；然而当按高等教育发展的科学规律和理论，运用了科学管理手段，发现有些机构的职能是交叉重复时，就应纳入科学的轨道，须调整、合并一些机构。

5. 精简机构，提高效益原则

要真正达到高效和最佳管理状态，避免重复设置机构，力戒因人设置机构；同时，一个机构各部门亦不宜重复设置，一个部门中的各岗位也不宜重复设置，这样机构才能真正做到精简，从而才谈得上提高效益。

三、高等教育管理体制的制约因素

高等教育管理体制要与国家的经济体制、政治体制、科技体制相适应，这是由高等教育的外部关系规律所决定的。高等教育要受社会制约，并为一定社会的经济、政治、文化发展服务。高等教育的性质与特点，决定了它与经济、政治、文化以及科技的关系比基础教育更加直接、更为密切。在与经济、政治、文化以及科技的关系中，经济起决定作用。经济是基础，经济基础决定上层建筑。经济体制作为生产关系的具体实现形式，特别是计划和市场作为配置资源的不同手段或方式，其本身虽没有社会制度的属性，但它又总是同社会基本制度结合在一起。社会主义市场经济体制是同社会主义基本制度结合在一起的。因此，它必然要给予作为社会上层建筑一部分的教育体制以决定性的影响，要求高等教育体制必须做与之相适应的变革。

（一）高等教育管理体制在很大程度上受经济体制制约

高等教育与社会经济有十分密切的关系，社会经济为高等教育提供办学资源，高等教育培养的专门人才和研究的科技成果的相当一部分要为经济发展服务。因此，经济体制必然对高等教育管理体制起决定性的影响。过去我国实行的统得过死、包得过多的高等教育管理体制，就是与高度集中的计划经济体制相适应的。现在，我国实行社会主义市场经济体制，高等教育的办学资源及其所培养的专门人才和研究的科技成果，不可能不受对资源配置起基础作用的市场的影响。

（二）政治体制对高等教育管理体制也有重要作用

一定的文化（高等教育是一种观念形态的文化）是一定社会的政治和经济的反映。经济是基础，政治则是经济的集中的表现。政治体制改革同经济体制改革应该相互依赖、相互配合。只搞经济体制改革，不搞政治体制改革，经济体制改革也行不通，我们所有的改革最终能不能成功，还是决定于政治体制的改革。

高等教育管理体制改革更要依赖于政治体制改革。过去，高等教育统得过死、包得过多的体制，固然是与高度集中的计划经济体制相适应的，其直接决定于高度集权的政治体制。高等教育管理从来都是政府行政管理职能的一部分，如何划分政府的行政权力，政府对作为事业单位的高等学校如何进行管理，我们行政体制中一直没有解决好。过去是政事不分，按照行政机关的模式来管理学校，把高等学校作为政府行政机关的附属物。政府不明确什么责、权应属于高等学校，高等学校也不明确它应该有什么样的责任和权力。高等学校并没有真正成为具有法人地位的办学实体。国家机关进行行政体制改革，实行政事分开，也是政治体制改革的重要内容。不进行政治体制改革，高等教育管理体制改革中扩大高等学校办学自主权，真正使高等学校成为具有法人地位的办学实体，以及简政放权，处理好在高等教育管理上中央集权和地方分权的关系等，都不可能实现。西方发达国家都是市场经济国家，但高等教育管理体制却有很大的差别。例如，美国实行地方分权制，高等学校都由州政府管理，学校也有比较大的办学自主权，联邦政府不直接管理高等学校，而法国的高等教育管理体制却实行中央集权制，与美国并不相同，其差别主要决定于政治体制。可见，一个国家的政治体制对其教育体制起着非常重要的决定作用。当然，政治是经济的集中表现，最根本的原因还在于经济。但经济体制并不能直接决定，至少不完全决定教育体制，还必须通过政治体制的中介作用。

（三）科技体制对高等教育管理体制有重大影响

高等学校特别是重点高等学校，承担着大量的科学研究任务，是科学研究的一支重要力量。在科技体制改革中，中央的方针、科技拨款制度的改革、技术市场和信息市场的建立，以及在科技管理中引进竞争机制，实行科研任务公开招标、择优选择承担单位制度的实施，都会对高等学校产生重要的影响。

正因为高等教育管理体制要受经济体制、政治体制和科技体制的影响和制约，所以高等教育管理体制必须与国家的经济、政治和科技体制相适应。此外，高等教育管理体制还受其文化传统的深刻影响。高等教育具有多种社会功能。它不仅要适应社会当前的需要，更要考虑国家的长远和整体的需要。特别是培养人的社会活动，要促进人的身心的全面发展，有其自身的规律。因此，高等教育管理体制还必须与高等教育发展自身的规律相适应。

第二节　教育办学体制

学校是现代教育制度的主体。在特定的制度环境下，由谁办学、如何办学、办学主体在办学过程中享有的权利和需要履行的义务等问题，是教育办学体制需要探讨的基本问题，也是教育管理体制改革需要研究的基本问题。

一、教育办学体制的含义

教育办学体制是指在国家法律法规规定的原则下举办各级各类学校的组织制度。不同的社会主体举办的学校及其他教育机构构成整个国家的教育体系。办学体制规范了举办学校应当符合哪些基本要求，哪些社会主体可以举办学校，哪些行政部门具有审查、批准举办学校的权限等。办学体制作为一项规范举办学校的行为规则，规范着举办学校的基本条件、对办学主体的基本要求以及审批权限等方面的基本制度。

（一）举办学校的基本标准

《中华人民共和国教育法》第二十七条规定，设立学校及其他教育机构，必须具备四个基本条件：有组织机构和章程；有合格的教师；有符合规定标准的教学场所及设施、设备等；有必备的办学资金和稳定的经费来源。这些规定意味着，凡是满足了上述基本条件的社会单位和公民个人都有权利向教育主管部门申请举办学校。

（二）学校的举办主体

《中华人民共和国宪法》第十九条第二款和第四款规定："国家举办各种学

校，普及初等义务教育，发展中等教育、职业教育和高等教育，并且发展学前教育。""国家鼓励集体经济组织、国家企业事业组织和其他社会力量依照法律规定举办各种教育事业。"可见，国家举办的学校及其他教育机构在整个教育体系中占据主导地位。国家办学主要表现为各级人民政府及其有关部门使用国家教育经费举办学校。

《中华人民共和国教育法》第二十六条规定："国家制定教育发展规划，并举办学校及其他教育机构。国家鼓励企业事业组织、社会团体、其他社会组织及公民个人依法举办学校及其他教育机构。国家举办学校及其他教育机构，应当坚持勤俭节约的原则。以财政性经费、捐赠资产举办或者参与举办的学校及其他教育机构不得设立为营利性组织。"企业事业组织、社会团体、其他社会组织及公民个人等社会力量办学，是我国社会主义教育事业的重要组成部分。对社会力量自筹资金举办学校的行为，国家在用地、税收、基本建设计划安排以及办学的审批与经费等方面给予必要和适当的帮助。对于社会力量举办的民办学校，根据《中华人民共和国民办教育促进法》的规定，国家实行"积极鼓励、大力支持、正确引导、依法管理的方针"。同时，各级人民政府应当将民办教育事业纳入国民经济和社会发展规划，实现民办教育与公办教育的共同发展。民办学校与公办学校具有同等的法律地位，国家保障民办学校的办学自主权。

二、我国现行办学体制

从 20 世纪 80 年代初至今，经过不断的发展，我国逐渐改变了政府包揽办学的格局，逐步建立起以政府办学为主体、社会各界共同办学的体制，一定程度上呈现出多元化发展的特征。

（一）多元化的办学体制

中华人民共和国成立以来，随着政治经济体制的发展，办学体制不断发生变迁。中华人民共和国成立之初到 1952 年初，学校的举办主体相当多样化：老解放区的公立学校、新解放区的国民党地方政府公立学校、国外教会所办的教会学校、私人举办的私立学校等各种各样的教育机构并存。不同类型的教育形成不同的办学体制，呈现出多元化发展的特征。

1. 高等教育办学体制

高等教育主要包括综合大学、理工院校、农业院校、林业院校、医药院校、师范院校、语文院校、财经院校、政法院校、体育院校、艺术院校和民族院校等类型。改革开放以来，高等教育逐步形成了以中央、省（自治区、直辖市）两级政府办学为主、社会各界参与办学的格局。其中，教育部举办与主管部署院校，地方政府举办省属院校，另外一些中心城市也举办一些专科和本科阶段的地方性质高等院校。高等教育院校的办学体制中心逐渐下移，地方政府是最主要的办学主体；在办学主体多元化方面，也已打破政府包揽、条块分割的单一办学模式，形成以政府办学为主体，社会力量广泛参与的体制。

2. 职业教育和成人教育办学体制

职业教育和成人教育实行在政府统筹管理之下，依靠行业、企业、事业单位办学和社会各方面联合办学。《中华人民共和国职业教育法》规定，政府主管部门、行业组织应当举办或联合举办职业学校、职业培训机构，组织、协调、指导本行业的企业事业组织举办职业学校、职业培训机构。在办学层级方面，县级政府及其主管部门与行业组织主办或联合主办职业、成人教育；省、自治区、直辖市人民政府主办综合性、社区性职业技术学院，普通本科高等学校经教育部批准可主办高等职业技术学校。

（二）我国现行办学体制的特点

我国从 20 世纪 80 年代开始进行办学体制的改革。实践说明，推进办学体制的改革，对于优化配置教育资源、提高教育资源的利用效率和教育的社会效益、解决教育资源相对短缺以及扩大教育资源的多样化供给等方面都发挥着重要作用。目前我国办学体制在计划经济体制时代已形成基本框架，经过 40 年的改革，在改变政府包揽教育、理顺政校关系方面已取得重大成就。目前，我国办学体制有以下几个特点。

1. 办学体制开放且多元化

《中华人民共和国宪法》第十九条第四款规定："国家鼓励集体经济组织、国家企业事业组织和其他社会力量依照法律规定举办各种教育事业。"1985年《中共中央关于教育体制改革的决定》指出："地方要鼓励和指导国有企业、社会团体和个人办学，并在自愿的基础上，鼓励单位、集体和个人捐资助学。"1993年《中国教育改革和发展纲要》强调："改变政府包揽办学的格局，逐步建立以政府办学为主体、社会各界共同办学的体制。""国家对社会团体和公民个人依法办学，采取积极鼓励、大力支持、正确引导、加强管理的方针。国家欢迎港、澳、台同胞、海外侨胞和外国友好人士捐资助学。在国家有关法律和法规的范围内进行国际合作办学。"《中华人民共和国教育法》第二十六条第二款规定："国家鼓励企业事业组织、社会团体、其他社会组织及公民个人依法举办学校及其他教育机构。"2002年，国家颁布实施《中华人民共和国民办教育促进法》，从民办学校的设立、学校的组织与活动、教师与受教育者、学校财产与财务管理、管理与监督、扶持与奖励、变更与终止、法律责任等方面做出了详细的规定。在上述政策、法律的规范下，社会团体和公民个人依法举办学校受到法律的保护，办学体制开放且日益多元化。这种开放性与多元化主要体现在以下三个方面。

（1）办学主体多元化。政府包揽办学的体制被打破，目前办学的主体包括中央政府教育部、地方政府、公民个人、社会组织和团体等。只要具备了办学的基本条件，都有资格成为办学主体。目前，我国已形成多种力量参与举办学校的体制。与此同时，1993年《中国教育改革和发展纲要》和1995年《中外合作办学暂行规定》允许外国法人组织、个人以及有关国际组织同中国具有法人资格的教育机构及其他社会组织在中国境内合作举办教育机构，更加拓宽了多主体办学的思路。

（2）办学经费来源逐渐多元化。目前，我国已形成中央政府财政拨款、地方政府财政拨款、社会力量出资办学等多种经费投入渠道。社会力量投入教育，对于丰富办学资金的来源渠道，缓解政府财力不足的问题，发挥着重要的作用。

（3）办学模式多样化。当前我国的办学模式主要有政府办学、社会力量举办民办学校、国有民办、民办公助、股份制学校等多种形式。实践表明，办学模式的多样化对于提高办学体制的整体活力，实现国有资产保值增值等意义重大。

随着社会主义市场经济体制的确立，一元化的政府垄断办学的体制已不适应。对于非政府办学，国家已通过颁布法律法规的形式，采取了积极鼓励、大力支持、正确引导和加强管理的方针进行规范，促进了办学体制多元化，提高了现有教育体制的活力。

2. 办学权力重心适当下移

当前我国已基本改变政府包揽办学的格局，逐步建立了以政府办学为主体、社会各界共同办学的体制。高等教育逐步形成了以中央、省（自治区、直辖市）两级政府办学为主、社会各界参与办学的新格局；职业技术教育和成人教育主要依靠行业、企业、事业单位办学和社会各方面联合办学，在中等及中等以下教育阶段，由地方政府在中央大政方针的指导下，实行统筹和管理。国家颁发基本学制、课程设置和课程标准、学校人员编制标准、教师资格和教职工基本工资标准等规定，省、自治区、直辖市政府有权确定本地区的学制、年度招生规模，确定教学计划、选用教材和审定省编教材，确定教师职务限额和工资水平等。省以下各级政府的权限，由省、自治区、直辖市政府确定。办学体制的权力重心下放到了省级政府，基础教育实行省级统筹，以县办学为主的体制。办学体制权力重心的下移对于激发地方政府举办教育的积极性、促进教育与地方经济体制协调发展具有重要意义。

三、我国办学体制的发展方向

我国现行办学体制脱胎于计划经济时代大一统的办学体制，在办学主体和办学模式多样化以及权力重心下移方面取得了一些成就，但目前的办学体制改革还落后于经济社会发展和行政体制改革的现实需求，依然需要进一步深化办学体制改革。办学体制改革与发展的动力，来自两个方面：一是社会经济体制改革对教育体制变革提出的要求，即进一步多元化、赋予地方更大的自主权；二是教育自身改革与发展的需要，教育改革的最终目标是提供数量充足、质量优异的教育服务，这就需要充分发挥政府的公共服务功能。但是现代公共管理研究表明，政府承担的责任是无限的，但预算与资源稀缺的约束决定了政府的公共服务供给能力不是无限的。弥补政府公共服务供给不足的根本出路就是深化办学体制改革。

（一）进一步明确政府举办教育的主要职责

与医疗卫生、公共安全一样，教育是一项基本的社会公共服务，尤其在义务教育阶段，更是如此。在非义务教育阶段，教育的改革与发展也离不开政府财政的支持。进行办学体制改革，首先要明确政府举办教育的主要职责，坚持教育的公益性基本原则。通过办学体制改革，要健全政府主导、社会参与、办学主体多元、办学形式多样、充满生机活力的办学体制，形成以政府办学为主体、全社会积极参与、公办教育和民办教育共同发展的格局。进一步激发教育活力，满足人民群众多层次、多样化的教育需求。

（二）继续推动办学体制的多元化发展

公办学校的办学体制还需进一步深化，即通过立法手段和财政手段，积极鼓励支持行业、企业及公民个人等社会力量参与公办学校办学，如通过联合办学、学校委托管理等形式，扩大优质教育资源，增强办学活力，提高办学效益。在非义务教育阶段，通过完善税收、土地等方面的优惠政策，鼓励公办教育和民办教育的公平竞争，鼓励社会力量兴办教育，改进非义务教育阶段教育公共服务的提供方式。民办教育是教育事业发展的重要增长点和促进教育改革的重要力量，各级政府要把发展民办教育作为重要的工作职责，鼓励出资办学，促进社会力量以独立举办、共同举办等多种形式兴办教育。政府要通过财政、行政等方面的措施，清理并纠正对民办学校的各类歧视政策，依法落实民办学校、学生、教师与公办学校、学生、教师平等的法律地位，支持民办学校提高质量，办出特色。通过确立公办学校和民办学校的平等地位，为各级各类学校创设公平竞争、共同发展的制度基础。

（三）进行政校分开，管办分离

在传统计划经济体制下，政府既是学校的举办主体，同时又全面介入学校的微观管理和教学过程，在控制学校所有权的同时又掌握经营权，不利于调动各级各类学校的办学主动性和积极性，导致学校系统缺乏生机与活力。目前，我国已经初步形成了办学体制多元化的格局，但有一个问题始终没有得到解决：办学主体与管理主体合一，学校举办者和学校管理者的权限和职责划分不明确，导致学校微观管理的活力不足，千校一面。同时，管办不分还导致政府在对公办学校和民办学校管理过程中出现不一视同仁的现象，教育资源、管理措施向公办学校倾斜。对于公办学校的办学体制改革，未来需要着力解决政校不分的问题，落实学校办学自主权，而政府管理学校的方式由直接的干预转变为运用立法、拨款、规划、信息服务、制定标准等行政手段进行宏观的指导和管理，从制度上保障将政府的行政职能与学校微观管理职能分开。对于民办教育，要切实建立民办学校的法人治理结构，将学校举办者和学校管理者（校长）的身份和职责分离，避免举办主体、出资人随意干预学校内部管理的现象发生。无论是公办学校还是民办学校，都存在一个所有权与经营权分离的问题。这就需要明确举办主体和学校管理主体之间的关系，通过探索符合学校教育特点的管理制度和配套政策，建立政府和出资人依法办学、学校自主管理，教职工民主监督、社会各界参与的现代学校制度。

第三节　教育投资体制

当前，我国已经形成公有制为主体，多种所有制成分共同发展的基本经济制度，生产资料所有制和经济体制的深刻变革，改变了政府单一经济主体和决策主体的格局，形成了政府、企业、公民个人等经济主体的多元化。在教育领域，随着社会主义市场经济体制的确立，公共教育服务的供给方式也发生了深刻的改变，已经从政府提供公共教育的单一格局转变为政府和市场共同提供的格局，这为教育投资体制的变革提供了制度保障。

一、教育投资体制的含义

教育投资体制是确定教育投资的来源渠道、教育经费的筹措及其负担主体、教育投资在各级各类学校的配置及经费管理和使用的制度规范。教育投资体制是整个国家投资体制的一个组成部分，也是整个国家教育体制的一个有机组成部分，其形成与发展受到国家的经济体制、财政体制和教育体制的制约以及经济社会发展水平的制约。

二、我国现行的教育投资体制

中华人民共和国成立以来，为了适应经济和行政体制要求和社会发展需要，我国教育投资体制不断改革，已经建立起了以财政拨款为主、其他多种渠道筹措教育经费为辅的筹资体制、非义务教育阶段教育成本分担机制、义务教育经费保障新机制以及教育经费监测评估体系。通过《中华人民共和国教育法》《中华人民共和国义务教育法》《中国教育改革和发展纲要》《国务院关于基础教育改革与发展的决定》等一系列法律规章制度的出台，我国的教育投资体制改革逐步纳入法制化的轨道，在规范投资主体、建立多元化的投资拨款方式、科学的预算管理和评估体制等方面也进行了卓有成效的改革。

（一）以财政拨款为主、其他多种渠道筹措教育经费为辅的筹资体制

根据《中华人民共和国教育法》第五十四条的规定，我国的教育投资体制是以财政拨款为主、其他多种渠道筹措教育经费为辅的体制。《中国教育改革和发展纲要》提出，在政府财政拨款之外，其他教育经费投入主要包括征收用于教育的税费（教育税费附加）、收取非义务教育阶段学生学杂费、校办产业收入、社会捐资集资和设立教育基金等多种渠道。为了明确政府责任，规范政府对教育投资的义务，国家提出了政府财政性教育经费支出占国民生产总值的比例要逐步达到 4% 的目标，并以教育基本法《中华人民共和国教育法》的形式确认：各级人民政府教育财政拨款的增长应高于财政经常性收入的增长，并按在校学生人数平均的教育费用逐步增长，保证教师工资和学生人均公用经费逐步增长。在规定政府教育投入责任的同时，我国从 20 世纪 80 年代开始征收教育税费附加，并广泛拓宽教育经费投入渠道，形成了社会捐资集资、成立教育基金、教育贷款（助学贷款）等其他多元化的教育经费筹措方式。

在中央政府和地方政府教育经费投入的分担机制方面，明确了中央和地方的投入责任，实行中央与地方分担，以地方财政为主的制度。自 1985 年教育管理体制改革以来，基础教育经费主要由地方负担和筹集，中央只给予少量专项补助并给予一定的统筹规划。高等教育经费根据学校隶属关系，分别由中央和地方财政负担。此举体现了教育预算管理中的事权与财权的统一，明确了中央与地方的权利和义务，有助于增加地方对教育的投入。

在教育经费政府投入的保障机制的建立方面，目前我国实行政府教育经费支出在国家预算中单列的制度。《中华人民共和国教育法》第五十六条第一款规定："各级人民政府的教育经费支出，按照事权和财权相统一的原则，在财政预算中单独列项。"单独列项制度的建立具有重大的实践意义，对于教育经费政策的有效执行发挥着重要的作用。"过去，我国政府用于教育的支出，在国家预算科目中级次较低，缺乏透明度，不利于各级人大和公众的监督。同时，在教育经费的预算分配与管理中财权与事权分离，教育经费需求与财政供给相脱节。"目前，这一制度在全国范围内逐步实施并取得了很好的效果。

我国现行教育投资体制明确了政府教育经费投入的义务，同时建立了投资主体多元化、投资形式多样化的格局，一方面明确了国家财政的主渠道作用，保证了财政性教育经费和财政用于教育的拨款伴随经济发展而稳定增长，在一定程度上缓解了教育经费短缺的压力。另一方面也释放了社会投入教育的积极性和潜力，增加了教育经费供给，为教育投入的稳定和可持续增长奠定了基础。

（二）非义务教育阶段教育成本分担机制

依照接受教育是否为强制性可将教育分为义务教育和非义务教育两个阶段。在义务教育阶段，教育的公益属性更强，一般而言，世界各国都实行免除学费和杂费、全部由政府承担教育经费投入的体制。义务教育既规定了政府投入的义务，同时也意味着适龄儿童少年的家长或监护人有送子女接受教育的义务。在非义务教育阶段，主要包括高中阶段和大学阶段，其公益属性弱于义务教育阶段，接受教育的收益更多地具有一种个人属性，在世界各国，一般都会实行非义务教育阶段的教育成本分担制度。

在计划经济时代，即使在非义务教育阶段，我国实行的也是政府单一主体投资完全免费的制度，这一方面与非义务教育的基本属性不符，另一方面也使得政府的教育经费捉襟见肘，义务教育阶段和非义务教育阶段的教育投入长期处于不平衡的状态。建立非义务教育阶段的教育成本分担机制是十分必要的。1999年6月13日，中共中央、国务院颁布了《关于深化教育改革全面推进素质教育的决定》指出："在非义务教育阶段，要适当增加学费在培养成本中的比例，逐步建立符合社会主义市场经济体制以及政府公共财政体制的财政教育拨款政策和成本分担机制。"目前，非义务教育阶段的教育投入已经基本形成政府财政拨款、学生家庭缴纳学费、学校校办产业创收、社会各界捐资助学以及建立贷学金等多种成本分担机制。

应当指出，非义务教育阶段建立成本分担机制不是要在高中和大学教育阶段弱化政府责任，而是通过成本分担机制的建立，更加科学合理地在义务教育阶段和非义务教育阶段配置政府财政性教育经费，实现教育经费的政府投入与非政府投入、教育经费在各级教育投入比例的合理化。实践证明，实行非义务教育阶段的成本分担机制对于正确引导全社会范围内的教育消费、保障教育事业的可持续发展都具有重要的作用。

（三）初步建立教育经费监测评估体系

是否建立一套科学的教育经费投入信息收集与评价机制，定期对全国范围的教育经费投入总量、经费增长幅度、预算内教育经费所占的财政支出比例和国家财政性教育经费占国内生产总值的比例进行监测和评估，是衡量一个国家教育投入体制是否完善的重要标志。1993年颁布的《中国教育改革和发展纲要》在全面提出教育经费投入原则的同时，规定要提高各级政府财政支出中教育经费所占的比例，并给出了具体指标。要对政府投入是否到位、社会力量投入情况如何、居民教育负担轻重等问题进行科学的衡量就必须建立科学的教育经费监测评估体系。1994年7月3日公布的《国务院关于中国教育改革和发展纲要的实施意见》提出："加强对各级政府教育投入水平的监控。从1994年开始，原国家教委会同国家统计局对全国和各省、自治区、直辖市教育经费执行情况予以公布，加强社会监控。各级政府应定期向同级人民代表大会专题报告教育预算执行情况，接受监督考核。"我国开始在全国范围内建立教育经费年度需求计划编制制度和教育经费执行情况统计制度。两项制度的建立对于教育经费投入和分配机制的透明化发挥了重要作用。教育经费投入监测制度建立以来，每年教育部、国家统计局和财政部都通过大众媒体、互联网等渠道联合发布全国教育经费执行情况公报，主要的内容包括全国教育经费情况、落实《中华人民共和国教育法》规定的"三个增长"情况、预算内教育经费占财政支出比例情况、国家财政性教育经费占国内生产总值比例情况，同时公布各省、自治区、直辖市的预算内教育拨款增长与财政经常性收入增长比较情况、各级教育生均预算内教育事业费增长情况等。经过十几年的发展，我国的教育经费监测评估体系已经基本建立起来，通过对全国范围内的教育经费执行情况进行定期通报，并向全国人大和中央政府报告各地方的教育经费投入情况，这对于监督各级政府是否履行教育经费投入的法定义务、建立教育经费投入的问责制度、促进教育经费投入的社会监督、保障教育的优先发展都发挥了重要的作用。

三、教育投入体制改革的趋势

教育投入是支撑国家长远发展的基础性、战略性投资，是教育事业的物质基础，是公共财政的重要职能。当前，我国教育经费投入体制存在的主要问题包括教育经费短缺，财政性教育经费占国内生产总值的比例不高，教育经费来源渠道的多元化仍然任重道远，教育经费的投入结构存在区域不均衡、教育支出项目结构不合理等。所以，健全以政府投入为主、多渠道筹集教育经费的体制，大幅增加教育投入，依然是我国教育中长期发展所要解决的重要问题。根据《国家中长期教育改革和发展规划纲要（2010—2020年）》的精神规定，未来我国的教育经费投入体制改革将着力解决保障机制不健全，教育经费短缺、支出结构不合理和使用效益不高等方面的问题，通过制度建设多渠道保障教育经费的充足供给。

（一）完善教育经费投入机制

进一步明确各级政府提供公共教育服务职责，完善各级教育经费投入机制，保障学校办学经费的稳定来源和增长。各地要根据国家办学条件基本标准和教育教学基本需要，制定并逐步提高区域内各级学校生均经费基本标准和生均财政拨款基本标准。各级政府要优化财政支出结构，统筹各项收入，把教育作为财政支出重点领域予以优先保障。严格遵守教育法律法规，保证三个增长。提高国家财政性教育经费支出占国内生产总值的比例，持续保持在 4% 以上。

充分调动全社会办学的积极性，扩大社会资源进入教育途径，多渠道增加教育投入。完善财政、税收、金融和土地等优惠政策，鼓励和引导社会力量捐资助学、出资办学。完善非义务教育培养成本分担机制，根据经济发展状况、培养成本和群众承受能力，调整学费标准。完善捐赠教育激励机制，落实个人教育捐赠支出在所得税前全额扣除政策。

（二）落实义务教育经费投入保障新机制

国家将义务教育全面纳入财政保障范围，实行国务院和地方各级人民政府根据职责共同负担，省、自治区、直辖市人民政府负责统筹落实的投入体制。进一步完善中央财政和地方财政分项目、按比例分担的农村义务教育经费保障机制，提高保障水平。

（三）完善非义务教育的投入机制

学前教育实行政府投入、社会举办者投入、家庭合理负担的投入机制。普通高中实行以财政投入为主、其他多种渠道筹措经费为辅的机制。随着财力增强，逐步提高高中阶段教育财政投入水平。中等职业教育实行政府、行业和企业及其他社会力量等多渠道依法筹集经费投入的机制。高等教育实行以举办者投入为主、受教育者合理分担培养成本、学校设立基金接受社会捐赠等多渠道筹措经费的投入机制。中央财政对中西部地区高等教育的发展予以扶持。

（四）促进教育投入的均衡化

进一步加大农村、边远贫困地区、民族地区教育投入。中央财政通过加大转移支付，支持农村欠发达地区和民族地区教育事业发展。依照成本分担原则，合理调整财政经费向初等教育、中等教育和高等教育的投入水平，实现三级教育投入的均衡化。

（五）加强教育经费使用管理

坚持依法理财，严格执行国家财政资金管理法律制度和财经纪律。建立科学化、精细化的预算管理机制，科学编制预算，提高预算执行效率。设立高等教育拨款咨询委员会，增强经费分配的科学性。加强学校财务会计制度建设，完善经费使用内部稽核和内部控制制度。加强经费使用监督，强化重大建设项目和经费使用全过程的审计，确保经费使用规范、安全、有效。建立经费使用绩效评价制度，加强重大建设项目经费使用考评。加强学校国有资产管理，建立健全学校国有资产配置、使用、处置管理制度，防止国有资产流失，提高使用效益。完善学校收费管理办法，规范学校收费行为和收费资金使用管理。坚持勤俭办学，严禁铺张浪费，建设节约型学校。

第四节　教育行政体制

教育行政体制是国家教育管理体制中的核心部分，教育行政体制的类型和结构不仅影响办学体制、经费投入体制，还影响政府和学校的关系以及学校办学自主权的实现。

一、教育行政体制的含义

教育行政是国家依据一定的法律制度规范，通过各级政府及其教育行政主管部门对教育事业进行的领导和管理，包括贯彻教育方针、政策；拟订各级各类学校及教育行政机构的规章制度；制定教育规划；审核教育经费；任用教育行政人员和各级学校的教师等。教育行政的主体是国家各级行政机构，其本质是国家政权对于教育事业进行领导和管控，体现了国家的教育权。教育行政体制是各级教育行政的组织系统及其运作规范的总称，包括两方面：体制的机构层面主要涉及各级教育行政机构如何设立；规范层面主要涉及各级教育行政部门之间的隶属关系、任务分工和职权划分。

二、教育行政体制类型

教育行政体制类型指国家以什么方式来管理和干预教育活动，即教育行政组织的基本形态。一个国家采取什么样的教育行政体制，与其政治、经济、历史文化等的形态有密不可分的关系，不同社会性质和经济发展水平的国家便形成了各具特色的教育行政体制。根据不同的标准、不同的维度，可把各国教育行政体制分为不同类型，这有助于从不同的角度了解各国教育行政体制的特点。

（一）教育行政权力及其行使方式角度

按照这一角度可将教育行政体制划分为中央集权制、地方分权制和中央与地方合作制三种类型。国家通过法规和制度规定了各级政府的教育行政部门的不同教育管理职能和权限。

1. 中央集权制

中央集权的教育行政体制由中央政府统一领导全国教育事业，教育管理权集中于中央政府的教育职能部门。课程设置、教师人事管理、督学、考试等方面的行政权力都集中于中央政府，全国有较为统一的课程标准、人事制度和考试体系，地方政府和教育行政部门没有或很少有自主权，地方发展教育措施的制定和实施都必须以中央制定的法令和指示为准。同时，中央政府通过教育督导评估等方式监督各级各类学校和地方政府的教育行为。

教育行政体制上采取中央集权制的典型代表是法国和苏联。这两国的教育行政权力几乎全部集中于中央。法国的中央教育行政机关即国民教育部拥有很大的权力，决定国家教育方面的一切重大问题，包括制定教育法律，颁布规章制度，确立课程标准，发行教材，确认教师资格、教育经费投入等都由中央教育部集中负责。苏联时期的教育方针、政策、规划由苏共中央和部长会议讨论决定，经最高苏维埃审议通过，作为法律颁布，由国家教育行政机关执行。地方政府的教育活动完全服从中央的教育行政，全国教育事业步调一致。

中央集权制的优点：通过制定统一的教育方针政策、法律法规，统筹规划全国教育事业发展的规模和速度，促进各级各类教育的协调发展；通过制定统一的教育质量标准、考试评价制度等途径，易于考查和控制全国的教育质量和办学水平，大面积提高教育质量，有利于教育改革经验的全面推广；中央政府的教育调控能力较强，通过中央政府的财政转移支付和其他扶持措施，促进各区域教育的均衡发展，保障教育公平。

中央集权制的弊端：教育行政权力过分集中，行政系统灵活性差，体制僵硬；全国"一刀切"，容易脱离地方实际，不利于因地制宜办教育和照顾地方差异；大一统的教育行政体制用单一的标准和程序来管理全国教育事业，导致各地区、各学校的教育缺乏特色；地方办学自主权过小，不利于调动地方举办教育事业的积极性和主动性；行政层级过多，管理费用高；教育决策的风险大，一旦中央政府决策失误，将给全国教育事业发展带来消极影响。

2．地方分权制

地方分权制指国家的教育事业为地方的公共事业，地方自主权居于主要地位，中央政府虽然也设有全国性的教育部，但是居于辅助、支持性的地位。教育行政权力划分给地方政府，地方教育行政机关在其管辖的范围内，具有相对独立的教育行政权力，包括课程设置、教材出版、教师人事、学校设立、教育经费、教育督导等工作都由地方政府及其教育行政部门承担，中央政府和教育行政机关对其在权限内的事项不加干涉，主要发挥指导、服务、监督和辅助的作用。

教育行政体制上实行地方分权制的典型代表是美国。美国宪法规定："凡是合众国宪法未赋予联邦政府的权力，皆由州行使。"在美国宪法中，没有专门的条款规定教育管理的机构及其职能。美国一直到 1867 年才设立教育部。它的职责与现在的教育部有很大的差异，只限于在全国范围内收集和整理有关学校机构、管理、体制和教学方面的信息，然后将所得信息和成果提供给政府机构和公众，以便进一步推动国家教育事业的发展。1980 年才升格为内阁一级的教育部，其主要职能是就智力障碍者教育、残疾人教育、扫盲教育、教育贷款以及科技教育等地方政府和学区不能单独完成的教育问题进行协调和统筹。联邦教育部的职能是服务性的，处于指导和资助的地位。可见，美国的联邦教育部对国家教育不具有领导权力，国家的一切教育事务的裁决与处理均由地方教育行政机构进行。

国家的教育行政权力完全归属于地方政府。

地方分权制的优点：可增强办学体制的灵活性，通过权力分配可以依据地方变化灵活反应，克服权力过于集中而导致的管理惰性，提高效率；教育管理权力分散，可以因地制宜发展教育和开展教育实践与改革，使教育适应各地的特殊需要；有利于地方政府制定相关的政策促使教育与本地经济社会协调发展，可以充分发挥地方的积极性和主动性，扩大教育管理权分配的民主性；在现代国家，办教育都是一项非常大的财政领域，而将教育管理权力下放给地方政府，有利于筹集教育经费，降低中央的财政压力；可使各地进行教育竞争，促进教育的发展；教育行政权力归地方，便于教育的就地管理，克服教育行政系统过于庞大而导致的官僚化问题，提高教育行政的有效性。

地方分权制的缺点：各地教育发展的基础条件不同，各地经济发展不平衡，则教育的投入能力不同，易出现教育发展的地区差异；地方政府对教育的认识和重视程度存在差异，易导致教育发展不平衡；在分权制的情况下，由于教育行政权力分散，政令不统一，全国缺乏统一的规划和要求，教育目标和标准难以统一，易导致教育质量参差不齐。

3. 中央与地方合作制

中央与地方合作制既不是典型的中央集权制，也不是典型的地方分权制，而是介于二者之间的一种教育行政体制，试图取二者优点而补其不足，是中央和地方政府相互配合、共同领导和管理教育事业的教育行政体制。教育行政权力在中央政府和地方政府之间依照一定的法律法规进行划分，明确中央政府在全国范围内统筹领导教育事业的职责，但同时在课程设置、考试评价、人事管理、教育财政等方面赋予地方政府以自主权，形成中央和地方共治教育的局面。

实行合作制的典型代表是英国和日本。英国重视中央和地方教育行政机关的沟通和协调，中央和地方的权限由国会立法确定。英国中央教育技能部作为英国最高教育行政机构对地方教育行政机构行使监督指挥权，与地方教育行政机构以一种协调合作的关系，通过沟通的方式共同管理教育事业，保持平衡状态。日本的教育行政体制经过一系列的改革才得以最后确立，第二次世界大战以前日本采取中央集权制，第二次世界大战后初期效仿美国采用地方分权制，但最终因不符合国情而不得不进行改革。日本的中央教育部门即文部省的重要职责是在文教政策上进行调研、分析以及政策立案等；地方教委依据法律、地方需要，拟订具体计划并付诸实施。中央注重指导和监督，地方注重执行和创新。

在中央与地方合作制的教育行政体制下，教育方针、政策、法令全国统一，办学形式、具体实施情况则多种多样；教育的最低标准全国统一，达标的方法则可因地制宜，根据各地具体情况而定。实行这种体制的目的就是将集权制和分权制适当结合，扬长避短，最大化地提高教育行政管理效率。

（二）最高决策者的人数角度

以教育行政组织中法定最高决策者的人数为标准，将教育行政体制划分为首长负责制与合议制。

1. 首长负责制

首长负责制也可称为一长制。一长制是苏联行政部门和经济部门的一种重要管理原则和领导方法。国家行政机关和企事业单位的领导人被赋予行使职责的广泛权力，包括最高决策权，同时承担对单位的工作结果全面负责。1918年3月，列宁首先提出了在企事业单位实行一长制，并在20世纪20年代在苏联全面推广。在教育行政体制上，首长负责制的决策权由最高行政首长执行，各级教育行政部门领导者从上级教育行政部门承担任务，对上级负责并汇报工作，同时全权指挥下级教育行政部门的工作，并答复和处理下级教育行政部门的工作请示。

教育行政实行首长制的优点：教育行政权力集中于一人，责任明确，行动迅速，效率较高。教育行政领导者的高瞻远瞩和科学决策也会为教育事业的发展指明方向。尤其是当遇到突发问题时，这种决策的效率体现得更加明显。

教育行政实行首长制的缺点：将所有的教育行政决策权都集中于一人，实际上是将教育行政和教育事业的发展方向与领导者个人绑定。在通常情况下，一个人的知识能力毕竟有限，考虑问题欠周密，易出现失误；责任集中于一人，负担过重，处理问题易粗糙、顾此失彼；一个人独揽行政大权，如人选不当，易走向专断独裁，滥用权力。因此，在世界各国的教育行政体制中，一般都不会实行完全意义上的首长制，因为这种体制容易存在"人在政举、人亡政息"的弊病。

2．合议制

合议制又称委员会制，即教育行政组织法定的最高行政决策权由两位以上行政长官组成的集体承担的体制。任何重大问题、事项均需经过集体协商才能做出决定。教育行政组织的决策权及管理权，并不是由单一的领导者所拥有，而是平均由一定数目的委员所组成的委员会共同行使。委员会的决策，通常会按协商达成一致的原则或者多元决策的原则来进行。

教育行政合议制的优点：教育行政的最终决策是由两个以上地位平等的委员组成的委员会做出的，教育行政组织的最高决策权属于全体委员，一切均由委员会按照"少数服从多数"的原则，集体讨论决定，集中多数人的智慧，考虑问题全面，减少决策失误的风险；决策权分散于各个领导者之间，教育行政领导者相互分工合作，独当一面，能够分散决策压力；权力适当分散，委员会成员之间相互制衡，可以避免专权、滥权现象。

教育行政合议制的缺点：一切事务都要集体讨论才可决定，行动缓慢、效率低下；意见难以统一，易出现议而不决的现象；责任分裂，易出现互相推诿、无人负责的现象。

根据这两种体制本身的特点，一般来说，凡是行政的、执行的、事务性的工作，采用首长负责制易得到较好的效果；凡是立法的、决策的、讨论的、调节的、顾问的，采用合议制效果较好。教育行政管理既有立法的、决策的工作，又有行政的、事务性的工作，因此世界各国多采用两者结合的教育行政体制，以扬长避短，达到最好的管理效果。我国各级教育行政机构现行领导体制称为首长负责制，它不同于传统意义上的首长制，而是兼备了合议制优点的新型首长制，即对重大教育事务，在集体讨论的基础上，由教育行政首长定夺；日常行政事务由行政首长负责，执行过程中采取分工负责制，即执行中的首长制。

（三）一般行政与教育行政关系的角度

以一般行政与教育行政关系为标准，教育行政体制可分为完整制与分离制。

1．完整制

教育行政从属于国家的普通行政体系，教育行政部门必须接受同级政府的领导与指挥，又称从属制。教育行政领导由同级政府委派与任用，教育经费来自各级政府财政，同时政府设立教育督导部门对教育事业进行监督和评估。完整制本着分工协作的原则，使教育行政机构与政府机构组成一个整体，以达到协调一致的目的。采用这种教育行政体制的典型国家主要是英国和苏联。英国地方议会作为地方自治体的最高机关，兼具地方行政当局和地方教育当局的角色，具有本地区教育行政管理的权力并履行相应义务，下设教育委员会处理具体的教育行政事务。苏联的教育行政不仅层层隶属，下级服从上级，各级教育行政机关同时还要接受同级政府的领导，构成条条加块块的领导体制。我国的各级教育行政机构是政府的一个部门，教育人事管理、教育财政等都受政府的领导与控制，同时下级教育行政部门还要接受上级教育行政部门的领导与监督，属于完整制。

完整制的主要优点：教育行政部门在政府的领导下执行教育管理权力，有利于政府的统一管理和加强教育行政的权威性和强制性；教育行政部门与其他政府部门平行设立，有利于政府统筹规划，协调教育事业的发展与经济、财政以及其他政府部门的关系，促进教育与经济社会协调发展。

完整制的主要缺点：由于教育事业的周期长、见效慢的特点，政府容易忽视教育在国家发展中的重要作用，不重视教育事业的发展；教育行政部门是主要依赖于政府财政投入的部门，容易被看作纯消费部门，相比其他政府部门又往往处于弱势地位，导致在经费投入上往往不能满足教育发展的需要；由于政府首脑任期的限制，容易违背教育见效周期长的规律，忽视教育的特殊性，追求教育的短期效果。

2. 分离制

在与普通政府行政的关系上，教育行政独立于普通行政，教育行政的人事管理、经费投入和监督评估等方面的事务与政府的普通行政分离，教育经费预算独立编制，地方教育行政机构不受地方政府的直接指挥，教育行政部门的行政区域划分与地方政府行政区域划分并不一定重合。如美国的学区是地方教育行政单位，学区教育委员会独立于地方一般行政之外，可独立编制教育预算、征收教育税、制定和执行地方教育政策和规章制度。法国的大学区等地方教育行政机关，只接受中央教育行政机构国民教育部的垂直领导，与一般行政没有隶属关系。

分离制的主要优点：教育行政独立，职权明确，能够有效避免政治干扰，工作效率高；避免一般行政对教育特殊性的忽视，在教育行政过程中按教育规律办事；在有关教育的决策上，即使政府行政管理出现了某种失误，对教育事业的发展也不会产生太大的不良影响；独立的人事、税收和财务权力能够有效依据地方实际情况为教育事业的发展提供充足的人力和物力资源。

分离制的主要缺点：教育部门与行政部门脱节，地方政府不能很好地调配和安排，不易调动地方政府开办教育机构的积极性；地方政府对教育的统筹力度下降，不利于使其适应地方经济和社会的发展需要；不利于教育行政部门与政府其他行政部门的协调配合。

通过以上的分类阐述可以看出，每个国家的教育行政体制都有其特点。教育行政体制的建立、改革与发展必须考虑到一个国家教育发展的政治、经济和历史文化等多种因素，在此基础上构建符合国情的教育行政体制，以促进教育事业的健康发展。

三、我国现行的教育行政体制

我国教育行政体制的建立与发展受到国家政治体制、行政管理体制和历史文化传统等多种因素的制约。《中华人民共和国宪法》规定："中华人民共和国是工人阶级领导的、以工农联盟为基础的人民民主专政的社会主义国家。""中华人民共和国的国家机构实行民主集中制的原则。""中央和地方的国家机构职权的划分，遵循在中央的统一领导下，充分发挥地方的主动性、积极性的原则。"我国的政治和行政体制坚持三个基本原则，即中国共产党领导行政管理的原则、民主集中制的原则和人民群众参政议政的原则。在教育行政体制上，坚持中国共产党对教育行政领导的根本原则；在教育行政的运行机制上，实行国家教育行政部门统一领导下的分级管理。

（一）中国共产党对教育行政的领导

《中华人民共和国教育法》第三条规定："国家坚持中国共产党的领导，坚持以马克思列宁主义、毛泽东思想、邓小平理论、'三个代表'重要思想、科学发展观、习近平新时代中国特色社会主义思想为指导，遵循宪法确定的基本原则，发展社会主义的教育事业。"中国共产党对教育行政的领导是社会主义国家教育管理体制的基本特征，也从根本上保证了教育行政代表人民利益。中国共产党并不直接行使教育行政组织的基本职能，而主要是进行政治路线、政策的领导以及重大人事的领导，保证全国的教育工作能够按照国家的教育方针和政策沿着正确的方向进行。如 1985 年的《中共中央关于教育体制改革的决定》、1993 年的《中国教育改革和发展纲要》等一系列事关教育改革与发展的重大方针政策都是以执政中国共产党决议的形式颁布的。在这种体制下，各级教育行政机关都受其相应的中国共产党领导，在中国共产党的领导与监督下完成自己对各类教育事务的管理。

（二）统一领导下的分级管理

从中央与地方的关系上看，我国的教育行政体制属于中央集权制；从与一般行政的关系上看，我国的教育行政体制属于完整制。中国共产党和国家通过制定教育大政方针，颁布教育法律法规，统筹管理全国范围内的教育经费、人事制度、课程设置和各级各类学校的招生考试工作，从宏观上统一领导我国教育事业的改革与发展。通过统一领导下的分级管理，实现教育的基本宗旨："教育必须为社会主义现代化建设服务，必须与生产劳动相结合，培养德、智、体等全面发展的社会主义事业的建设者和接班人。"这一体制运作，主要包括以下内容。

1. 统一领导的体制

统一领导的体制体现在教育行政内容和组织机构设置两方面。在教育行政内容方面，国家负责制定有关基础教育的法规、方针、政策及总体发展规划、基本学制、课程设置、课程标准、经费标准、教师人事管理的整体制度及其岗位设置标准，各级教育行政部门具体贯彻执行。在组织机构设置方面，为加强对科技、教育工作的宏观指导和对科技重大事项的协调，实施科教兴国战略，推进科技、教育体制改革，提高我国科技、教育水平，促进经济与社会事业的发展，国务院成立了国家科技教育领导小组，主要职责是：研究、审议国家科技和教育发展战略及重大政策；讨论、审计科技和教育重要任务及项目；协调国务院各部门及部门与地方之间涉及科技或教育的重大事项。中央一级设立国家教育部，统筹规划、协调管理全国的教育事业。地方省市县分别设立教育厅、教育局、教育科等专门的教育行政组织，在国家教育部和地方政府的双重领导下具体负责本行政区域内的教育工作。地方教育行政部门的各项工作举措不能违背上级教育行政部门和同级政府的各项规章制度，并接受政府和上级教育行政部门的指导与评价。

2. 分级管理的体制

根据 1993 年颁布的《中国教育改革和发展纲要》，中等及中等以下教育由地方政府在中央大政方针政策的指导下，实行统筹和管理。在中央政府层面，国家颁发基本学制、课程设置和课程标准、学校人员编制标准、教师资格和教职工基本工资标准等规定；在地方政府层面，省、自治区、直辖市政府有权确定本地区的学制、年度招生规模，确定教学计划，选用教材和审定省编教材，确定教师职务限额和工资水平等。省级以下各级政府的权限由省、自治区、直辖市政府确定。在义务教育行政体制方面，根据 2001 年颁布的《国务院关于基础教育改革与发展的决定》，实行在国务院领导下，由地方政府负责、分级管理、以县为主的体制。2006 年秋季，新修订的《中华人民共和国义务教育法》正式施行，关于义务教育的管理体制，《中华人民共和国义务教育法》第七条第一款规定："义务教育实行国务院领导，省、自治区、直辖市人民政府统筹规划实施，县级人民政府为主管理的体制。"在"以县为主"管理体制的基础上，强调省级政府对教育事业的统筹规划作用。出现教育管理权责从乡镇逐步向县级乃至省级等各级政府"回归"的趋势。我国的教育行政形成了国家统一领导、省级统筹规划实施、县级人民政府为主的新体制。

根据上述政策法律，在分级管理的体制下，各级政府的管理职责分工如下。

（1）国家层面。中央政府确定基础教育的教学制度、课程设置、课程标准，审定教科书。在经费投入方面，中央和省级人民政府通过转移支付，加大对贫困地区和少数民族地区义务教育的扶持力度。

（2）省级层面。省级和地（市）级人民政府通过加强教育统筹规划，做好组织协调，在安排对下级转移支付资金时要优先保证农村义务教育发展的需要。

（3）县级层面。管理的中心下放到县级，县级人民政府对本地农村义务教育负有主要责任，要抓好中小学的规划、布局调整、建设和管理，统一发放教职工薪资，负责中小学校长、教师的管理，指导学校教育、教学工作。

（4）乡镇村层面。乡（镇）人民政府要承担相应的农村义务教育办学责任，根据国家规定筹措教育经费，改善办学条件，提高教师待遇。发挥村民自治组织在实施义务教育中的作用。乡镇村都有维护学校的治安、动员适龄儿童入学等责任。

（5）在高等教育方面，高等学历教育分为专科教育、本科教育和研究生教育三个层次，我国的高等教育实行中央、省、中心城市三级管理体制。根据《中国教育改革和发展纲要》的规定，对于高等教育的管理，在中央与地方的关系上，确立了中央与省（自治区、直辖市）分级管理、分级负责的教育管理体制。中央和地方政府的职权划分为：中央直接管理一部分关系国家经济、社会发展全局并在高等教育中起示范作用的骨干学校和少数行业性强、地方不便管理的学校。在中央大政方针和宏观规划指导下，对地方举办的高等教育的领导和管理，责任和权力都交给省（自治区、直辖市）。

我国现行教育行政体制就是在中央统一的大政方针引导下，实行中央和地方两级管理。在中央统一领导、地方分级管理、学校自主办学、社会参与管理的基础上，形成了教育部—省级政府教育厅（局）—地市级教育局—县级教育局—乡镇学区（中心校）的教育行政组织机构系统。

四、教育行政体制改革趋势

我国的教育行政体制改革的一个基本问题是解决中央和地方的关系，目前已基本形成中央统一领导、地方分级管理的体制。这一体制的运行机制还有待完善，面临的主要问题包括如何转换政府管理教育的职能、中央和地方政府的职权如何划分、如何深入推进教育行政体制改革的法治化等。未来我国教育行政体制的改革将是一项整体改革，主要呈现出以下几个方面的发展趋势。

（一）深入转变政府教育行政职能

"政府职能是指政府的基本任务及其行为方向，在基础层面上，包括阶级统治职能、社会管理职能和社会服务职能。所谓转变职能，主要是指这些职能结构的重心所发生的变化和方向转移。"当前，我国的教育行政体制改革首先要解决的是管理重心的转移，由着重对教育的微观管理逐步转向通过法律、规划、课程标准、经费投入等手段对教育事业进行宏观管理和间接调控，改变政府直接管理学校的单一模式，即更多地综合应用立法、拨款、规划、信息服务、正确指导和必要的行政措施，减少不必要的行政干预。从根本上改变政府的教育行政职能，构建公共服务型的教育行政体制。

（二）完善统一领导、分级管理体制

理顺和规范中央和地方职权关系，下放权力，健全宏观调控机制。从中华人民共和国成立以来的教育行政体制发展的情况来看，统一领导、分级管理的体制基本上是适合我国的教育事业发展的要求的，也符合我国国情复杂和区域发展不平衡的特点。因此，未来的改革趋势是坚持和完善这一体制，进一步厘清中央政府和地方各级政府之间教育管理的权限和职能范围，中央政府统一领导和管理国家教育事业，制定发展规划、方针政策和基本标准，优化学科专业、类型、层次结构和区域布局。整体部署教育改革试验，统筹区域协调发展。地方政府负责落实国家方针政策，开展教育改革试验，根据职责分工负责区域内教育改革、发展和稳定。

（三）推进教育行政法制化进程

从我国教育改革的历程来看，教育改革史其实也是一部教育法制史。教育立法在几次教育改革的关键过程中都起到了重要的保障作用。《中华人民共和国义务教育法》的颁布使整体国民素质得到了快速提升。教育行政体制改革的基本目标是实现依法治教。这就需要首先完善教育法制体系，当前我国的教育法制体系还不完备，诸如学校法、考试法、经费保障法、高中教育法、幼儿教育法等还未制定和颁布，未来仍需要依据法定程序制定和健全教育法制体系。在完善教育法制体系的同时，依法规定政府的职权范围，完善教育行政的社会监督机制和公众参与制度，增强政府依法行政的意识和水平，构建适应法治社会需要的教育行政体制。

第五节　我国高等教育管理体制反思

　　确定一个国家的教育管理体制，必须从本国的国情出发，并且要与本国的政治经济制度、文化发展水平、历史传统及人口地域等因素相适应。

　　建立适合我国国情的高等教育管理体制，首先应考虑到我国是一个统一的社会主义国家，政体是民主集中制，不同于西方建立在地方分权基础上的联邦制。共同的政治经济文化，决定了我国在教育方针、教育内容、发展规模等方面必须加强宏观控制，大政方针必须坚持集中统一。但我国是一个拥有 14 亿人口、幅员辽阔的大国，国家缺乏把全国教育事业都包下来，实行统一管理的物质基础。我国的经济文化发展很不平衡，沿海内地、城市农村、平原山区以及不同民族地区都有很大差别，中央统一管理，势必难以适应不同地区的实际情况。因此，要建立适合我国国情的高等教育管理体制的关键，应该是在加强中央和地方两级教育部门的宏观管理的同时，进一步扩大高等学校办学自主权。做到集权与分权相结合，统一性与多样性相结合，全面规划与因地因校制宜相结合，目的是调动各方面的积极性和主动性，增强学校的生机和活力，使学校教育能主动适应经济建设的需要。总之，高等教育管理体制的改革应达成这样的格局，即坚持以主动适应社会主义市场经济多元化要求为目的，以把学校建成相对独立的办学实体为中心，以政府转变职能、有效地实行宏观调控为关键，以实行中央、地方两级管理为依托，逐步建立起与经济体制、政治体制相适应的符合高等教育自身发展的特点和规律，具有中国特色的社会主义高等教育管理体制。

　　为了适应建立社会主义市场经济体制的需要，国家行政管理体制改革已逐步展开。高等教育宏观管理体制是国家行政管理体制的一个组成部分，是国家管理高等教育事业的组织机制。改革高等教育宏观管理体制，提高高等教育宏观管理水平，建立适合我国国情的高等教育管理体制，是刻不容缓的任务。

一、原有高等教育管理体制存在的主要问题

我国现行的高等教育宏观管理体制基本上维系了第五次改革所恢复的以条块共管为主要特征的中央与地方分级分散管理体制。尽管 1985 年中共中央颁布的《关于教育体制改革的决定》再次提出了进行高等教育宏观管理体制改革的任务，即："改变政府对高等教育统得过多的管理体制，在国家统一的教育方针和计划的指导下，扩大高等学校的办学自主权，加强高等学校同生产、科研和社会其他各方面的联系，使高等学校具有主动适应经济和社会发展需要的积极性和能力。"出于多方面的原因，虽然改革在小范围内取得了某些成效，但是，从全局上讲，对上述改革思路的实施还停留在酝酿、准备阶段，包括理论和经验的准备。现行的分级分散管理体制的基础是国家经济管理中的部门经济所有制和地方财政包干制。随着市场经济体制的逐步建立和国家新的经济管理制度的出台，高等教育宏观管理体制的不适应性便愈加显露出来，分级分散管理体制在实际运行中也暴露出一些问题。概括起来，原有体制的弊端及其所带来的问题主要是以下几点。

（一）条块分割，自成体系，各自封闭办学

直接导致部门和地方在低水平上重复设置高等学校和专业，造成资源配置的严重不合理。中央部门和地方分别办学并直接管理，地方政府中各业务厅局也要自己办学校，造成大的条块分割和小的条块分割，乃至大小块块、条条也分割，形成各自"小而全"的封闭体系。在条块分割的限制下，一些已经设置的院校和专业，由于本部门或本地区对人才需要有限而不能发挥应有的作用，而另一些部门或地区却又根据自己有限的需要，投资新建同样或类似的院校和专业。这样就使得学校的规模效益很低，办学条件也难以改善。这就严重影响了整体办学效益和办学水平。

（二）管理无序

首先是管理职能无序，主要表现为宏观管理职能与微观管理职能之间的界限不明，高等教育宏观管理对高等学校的具体事务干预过多。历次高等教育宏观

管理体制改革都未涉及宏观管理职能的调整。新中国成立初期形成的高等教育主管部门对所属高等学校进行直接行政管理的模式，不管是在地方分散管理体制下，还是在中央地方分级分散管理体制下，都没有改变。因此，尽管历次改革调整了高等学校的隶属关系，但是，主管部门对高等学校的管理任务、管理方式都没有改变，主管部门依然包办高等学校的一切事务，不论大小主次，一概行使管理职权。其次是分权限度无序，主要表现在中央与地方之间在高等教育宏观管理权限的划分上，界限不清、责任不明。我国 1000 多所公立高等学校分别由中央和地方两级政府管理。因此，客观上存在两级办学主体。不同的办学主体发展高等教育的目的是不相同的。中央一级管理的高等教育部门主要是为部门经济服务的，地方一级管理的高等教育部门主要是为地方经济和社会发展服务的。关于中央与地方管理高等教育的权限，尽管有关部门法规规定了中央统一领导、中央与地方分级管理的原则，但是，由于法律上对统一领导和分级管理的项目和内容、责任与权限等都未做出明确的解释或界定，加上不同办学主体各自利益导向的影响，使得中央的统一领导难以实现，中央对全国高等教育事业的宏观管理失控。

（三）专业大量重复设置

单科性院校比重过大、数量过多，造成我国高等教育在结构和布局上严重不合理。在过去高度集中的计划经济体制下，国家集中力量主要按部门、按行业发展经济，与此相适应，中央部门创办的高等学校以及省级业务部门管理的高等学校多数是为本部门、本行业服务的单科性院校。这些学校因为行业性较强，许多学校按产品，甚至按产品的零部件和工艺方法设置专业，或者本来通用性很强的专业戴上行业、部门的帽子，使专业面变窄，造成毕业生知识面较窄、适应性较差，后劲不足。

（四）缺乏生机和活力

由于国家包揽办学，统得过多、管得过死，学校缺乏办学自主权，或学校仅为行业服务，不能快速主动地根据经济、社会发展的需要和人才市场的变化，对办学的形式和内容进行相应的调整，因而缺乏生机和活力。

很显然，如果不改革目前这种条块分割和"统"与"包"的体制，不解决由这种体制所造成的高等教育在结构、布局、质量、效益等方面所存在的诸多问题，我国高等教育就很难进一步健康发展，就不能适应改革、开放和社会主义市场经济的需要，不能适应我国科教兴国战略、可持续发展战略以及经济增长方式转变的需要，就不可能完成为我国社会主义现代化建设服务的历史重任。把一个什么样的高等教育带入 21 世纪，以迎接国际竞争的挑战和适应我国社会主义现代化建设的需要，是摆在教育工作者面前的重要课题，也是社会各界普遍关注的问题。为了实现党中央、国务院提出的目标，适应和促进经济体制和经济增长方式的根本转变，适应高等教育自身的发展，必须大力深化高等教育管理体制改革。

二、改革原有高等教育管理体制的必要性

具体来讲，进行高等教育管理体制改革的必要性在于以下几个方面。

（一）建立社会主义市场经济体制需要改革高等教育管理体制

随着社会主义市场经济体制的建立和多种经济成分的发展，中央政府部门管理经济和企业的职能正在发生重大变化。过去那种几乎是封闭的"条条框框"在相当程度上已不复存在。适应这种变化，改革目前这种条块分割的办学和管理体制，就成了当前经济体制改革的必然要求。在社会主义市场经济体制下，市场将在资源配置中起基础性调节作用，除极少数特殊的行业之外，经济发展将不再主要由行业的业务主管部门以条文的形式来规划和组织，相应的人才培养就应该改变过去那种主要由行业的业务主管部门进行规划和组织的做法。在社会主义市场经济条件下，高等教育应按照中央和省级人民政府两级管理、分工负责的原则来进行规划和组织，更多地面向地方培养人才，同时兼顾行业主管部门的需要。在条块分割的原有体制下，各部门、各行业的高等学校自成系统、封闭发展，高等学校虽设在地方，却很少与地方发生关系，为地方服务不够。这说明，条块分割的原有体制与社会主义市场经济体制下人才培养和使用的基本趋向不相吻合。很显然，如果学校设置和人才培养仍然条块分割，则很难适应市场经济体制的需要。此外，在社会主义市场经济条件下，各行各业所需的人才越来越需要通过人才市场去获得，高等学校办学应主动适应人才市场的变化。如果高等学校不能在

宏观管理下依法自主办学，就很难适应人才市场的变化，培养出具有市场竞争力的社会所需要的各种合格人才。因此，必须改革原有的体制，淡化和改变学校单一的隶属关系，不断扩大高等学校的办学自主权，自觉调整服务方向，合理利用教育资源，增强高等教育为地方和区域经济服务的力度，以适应社会主义市场经济体制的需要。

（二）适应现代高等教育的发展规律

避免造成高等教育的新一轮重复建设，高等教育管理体制改革也是教育规律的客观要求。现代科学的发展越来越呈现出综合化的趋势，学科之间的相互交叉、渗透日益增多。经济、社会的发展也越来越需要更多的复合型人才。这就要求高等学校学科、专业不能过于单一。学校只有具有多种学科的氛围才有利于人才的成长和学科的发展，才能增强学校深入社会、为社会服务的能力。因此，高等学校向多学科发展是符合教育规律的。只要有条件，发展到一定程度，单科性院校就要向多学科发展。这是一股不可阻挡的潮流。但问题是，在我国目前情况下，用何种方式来实现高等学校向多学科或向综合的方向发展更好？是通过管理体制改革，发展多种形式的联合办学来解决，还是任由每一所高等学校自我膨胀、自我发展来解决？答案只有一个，就是通过改革高等教育管理体制，大力发展多种形式的联合办学来解决。这样做效益更好、质量更高，更有利于我国高等学校布局结构的合理调整。如果都靠自我膨胀，外延发展，各校搞许多新的学科、专业，在我国目前的情况下，势必造成高等教育的新一轮重复设置和重复建设。这不仅会打乱人才的科类、专业结构，而且是低效益的和有限的教育投入所达不到的。现在我们面临的局面就是全国绝大部分高等学校几乎都在向多学科发展，其中造成的重复建设、人才浪费、教学质量滑坡是非常严重的。由此也可看出，抓紧进行高等教育管理体制改革是多么重要。

（三）全面提高办学的质量和效益，实现党中央提出的教育工作面临的"两个重要转变"

面对 21 世纪的挑战，粗放型发展模式的路子是根本走不通的。经济的发展是这样，教育的发展同样也是如此。目前，我们的经济工作正在实现经济体制和经济增长方式的两个根本性转变。在这种形势下，我们的教育工作也必须解决好两大重要问题：一是教育要全面适应现代化建设对各类人才培养的需要，二是要全面提高办学的质量和效益。这也可以说是当前全国教育工作面临的两个重要转变。显然，对于处在教育事业龙头地位的高等教育来说，如果不改革原有的管理体制，不解决部门和地方"条块分割"以及所造成的低水平重复建设等一系列问题，要想实现"两个重要转变"是根本不可能的。只有通过调整布局结构，改革管理体制，高等教育才能适应社会主义现代化建设的需要。

此外，抓紧进行高等教育管理体制改革，也是深化高等教育体制改革的迫切需要。高等教育管理体制改革是高等教育体制改革的重点和难点。高等教育管理体制改革不仅涉及高等教育事业本身的结构、布局、发展战略、资源配置、办学规模、效益等重大问题，而且关系到中央、地方政府的很多部门、行业、单位的管理权限、投资体制、利益分配等重大问题。对高等学校来说，高等教育管理体制的改革不仅关系到能否真正面向社会依法自主办学，而且对于调整和优化层次、科类、专业结构，提高办学水平、教育质量、办学效益等都有重要关系。高等教育管理体制中存在的诸多问题，是当前制约高等教育体质改革和发展的"瓶颈"，因而，解决这些问题的要求也最迫切。从这个角度来说，抓紧进行高等教育管理体制改革对于整个高等教育体制改革的深化也有十分重要的意义。

三、建立适合我国国情的高等教育管理体制探索

在我国目前的情况下，要建立适合我国国情的高等教育管理体制，需要着重推进以下几个方面的改革：加强省级政府的统筹决策权，扩大学校办学自主权，加强社会参与管理，加强中央政府宏观调控，积极推进以联合、共建为重点的管理体制改革。

（一）加强省级政府的统筹决策权，变"条块分割"为"条块结合"的新体制

社会主义市场经济体制的建立和现代科学技术的发展，使我国在计划经济条件下建立的"条块分割"的高等教育管理体制的弊端越来越突出。克服弊端的

途径之一是加强省级政府对高等教育的统筹决策权。其主要理由是：①区域经济发展的需要。市场经济体制的建立、政治体制改革的深化，必须是促进以开发优势资源为特点的区域经济的发展，因而需要相应地发展高等教育，以培养适应区域发展所需要的人才。而在我国高度集中的计划体制下形成的所谓"部门经济"将越来越削弱。②增加教育投入的需要。市场经济的发展，中央机构的改革和政府职能的转变，使得中央经济业务部门，特别是工业加工部门越来越难以在经费上支撑所属的高等学校。将其转由地方管理，或与地方共建、共管，是可供选择的改革模式。③提高办学效益和教育质量的需要。高等教育是非义务教育，要面向社会办学，其市场机制必然要在一定程度上对其资源的配置起基础性的导向作用。因此，就必须讲求办学效益。加强省级政府对设在本地区所有高等学校的统筹决策权，是避免低效益、低水平重复设置学校和学科（专业），实现资源配置优化，克服单科性院校培养人才知识面过窄等弊端，提高高等教育质量和办学效益的战略性选择。④教育地方化的需要。加强省级政府对高等教育的统筹决策权，是与国际高等教育地方化趋势相一致的。所谓高等教育地方化趋势，是指随着经济发展水平和人们普遍受教育水平的提高，高等教育办学和管理的权限逐步下移的趋势，即中央—省—地方下移的趋势。美国高等教育自 20 世纪 50 年代初以来，特别是自《莫里尔法案》之后，是由州政府管理为主的，但近年来又进一步强调要与地方社区相结合。以卡耐基教学促进基金会主席波伊尔博士为代表的一批美国学者提出要"创建新型美国学院"正是体现了这种要求。这种新型学院的基本特征是与地方社区发展相结合。波伊尔博士曾说过，高等教育将出现一种崭新的卓越模式，这一模式的学院将丰富院校、复兴社区，并给予服务这一学问以新的尊严与地位。这一新型美国学院将围绕紧迫的社会问题组织跨学科的研究所。这种学院的本科大学生将参加实地项目，把想法和现实生活联系起来。课堂与实验室的范围将拓宽，卫生所、青年中心、中小学和政府办公室都是学生的课堂和实验室的一部分。教学人员将与第一线的实践者结成合作伙伴，而这些实践者则可到校园任教并担任学生的顾问。

就我国目前的经济发展水平而论，应强调加强省级政府的统筹决策权，但随着 21 世纪中叶的到来，我国进入中等发达国家之后，可能就要强调省属的中心城市参加办学和管理了，这是地方经济社会发展的需要。当然，地方也要有这种支撑的经济实力。

应该看到，改革开放以来，特别是近年来，中央已采取了若干实际措施，以加强省级政府对高等教育的统筹。现有的权限是不够的，要求下放以下权力：能自行审批创办专科学校和高等职业学校，能自行决定本地区高等教育发展规模和年度招生计划，能自行审定本地区高等学校的学士、硕士学位授予权和增设已有博士点的博士生导师等。从长远来看，这些权力都可以下放给省级政府，但需要一个发展和改革的过程，包括：地方经济发展能提供相应的财政支持；制定相配套的法规和政策，把权力和责任统一起来，建立自我约束的机制；各地经济社会发展不平衡，上述这些权力的下放不搞"一刀切"，成熟一个，解决一个；要进行试点，总结经验，逐步推开。

（二）扩大高等学校依法办学自主权，建立学校自我发展和自我约束的机制

高等教育管理体制的改革，不是简单地改变学校的隶属和投资关系，而是要把重点放在转变政府职能，扩大学校面向社会自主办学的权力，建立自我发展和自我约束的机制上面。过去，我国高等学校曾经历过几度"下放"与"上收"的反复，每次反复都使学校受到不同程度的损失。其重要原因之一是只解决学校的领导关系问题。学校的"下放"和"上收"都不过是换了个"婆婆"，而学校对政府的依附关系依然如故。改革高等教育管理体制，必须坚持转变政府职能，扩大学校办学自主权，使学校真正建立起主动适应经济和社会发展需要的活力和自我约束的机制。这样，学校才能在改变领导管理体制之后获得健康发展。

应该充分认识到，扩大高等学校办学自主权，是建立与市场经济体制相适应的高等教育体制的一项重要内容。因为市场机制对高等教育的调节，是把高等学校看作生产者，而生产者在市场经济条件下，必须对其生产过程享有充分的自主决策权。按照生产功能的学说，高等学校是有别于经济生产实体的一种非营利组织，它的决策和活动是为了在竞争中求生存和发展，而不是追求获取最大利润。维持这种生存和发展主要靠两个方面：一是学校的产品包括毕业生、科研成

果和社会服务的数量、质量和规格能够在多大程度上满足社会的需求；二是在人、财、物等方面的支出能力，包括学生所交的学费、政府的财政拨款、社会团体和个人的资助，以及学生的录取和教职员工的录用等。在投入与产出之间有一个过程，这个生产过程的效率，取决于生产者的决策和活动本身。为此，要提高高等学校"生产过程"的效率，就必须使高等学校对生产过程拥有自主决策权。但是，这种自主决策权限又不同于企业。因为作为一种非营利组织，高等学校生产的最终目的是提高综合效益。这种综合效益不是用利润来衡量，而是表现为学校能否满足国家、社会和个人的多方面需求。所以，学校的办学自主权又是有限度的，需要国家加强宏观调控，使其能满足社会发展的全面需要。而且随着高等学校职能的扩大和它对国家、社会的重要作用日益突出，国家对它的宏观调控也将不断加强。所谓高等学校办学自主权，主要是指高等学校在教学、学术上应有充分的自主权，使自己培养的人才和研究开发的成果及提供的服务能最大限度地适应经济和社会发展的需要。高等学校办学自主权就是国家赋予高等学校的能主动适应经济和社会发展要求的自我发展和自我调节的权限，而不是在封闭的系统里自我完善的能力。

我们认为，扩大高等学校办学自主权的一个重要目标是要让学校能根据本校、本地的实际，办出自己的特色，使学校多样化，使整个高等教育的层次、类型结构更加合理，以培养出满足社会多种需求的人才。

（三）加强社会参与，调动各方面办学和管理的积极性

加强社会参与，是我国教育发展和改革总战略的重要组成部分，是我国社会主义市场经济发展的客观要求。因为市场经济的发展，必然导致办学主体的多元化。

第一，政府不包办教育，但它们仍然是办学的主体。在任何经济体制下，教育都是一个国家主权范围内的事情。在市场经济条件下，是政府向社会提供公共服务的重要内容。所以，办教育属于政府行为，政府始终是办学的重要主体。

第二，教育已成为现代企业的行为。在市场经济条件下建立的现代企业制度，其重要的组成部分，是以劳动力资源开发为核心的劳动力资源管理制度，教

育作为劳动力资源开发的根本手段就必须成为企业的行为，企业成为重要的办学主体之一。

第三，社会力量也成为办学主体之一。人才市场、劳动力市场的发展必然加剧"竞争就业"，社会和经济发展也必然进一步带动个人向高度社会化方向发展。教育在促进个体社会化、在满足人的自身发展方面所特有的功能又使它具备社会行为的属性，这些因素都促进社会力量（包括社会团体和公民等）也成为办学主体之一。

国家宏观调控的重要任务之一是要通过制定政策法规，采取各种措施，充分调动各级政府、企业、社会和公民参与办学和管理的积极性，培育和建设教育发展和改革的新的动力机制。

纵观世界高等教育发展和改革的总趋势，可以看到：市场经济越发展，科技越进步，越要求加强高等学校与社会的联系。从学校方面来讲，是为了自身的生存和发展；从企业方面来讲，是为了在激烈的市场竞争中立于不败之地；而社会的全面发展也越来越依靠教育。联合国教科文组织召开的面向 21 世纪教育国际研讨会的报告中曾明确指出，要想形成不同于目前的模式、适应 21 世纪要求的教育体制，可能最重要的方面将是社会更多地参与学校和学校更多地参与社会。事实上，自 20 世纪 60 年代以来，世界上许多国家都已在逐步加强"社会参与"办学和管理的体制，使之成为高等教育运行机制中十分庞大的一个组成部分。

（四）转变政府职能，改善和加强中央政府对高等教育的宏观调控

改革过于集中统一的管理体制，仍然是今后一个时期教育体制改革的一项重要内容。为此，首要的是转变政府职能，由对学校的直接行政管理，转变为运用立法、拨款、规划、信息服务、检查评估、政策指导和必要的行政手段，进行宏观调控。加强社会中介组织的作用，是改善和加强政府宏观管理的重要途径。国务院关于《中国教育改革和发展纲要》的实施意见中指出：为保证政府职能的转变，使重大决策经过科学的研究和论证，要建立社会中介组织，包括教育决策咨询研究机构、高等学校设置和学位评议与咨询机构、教育评估机构、教育考试机构、资格证书机构等，发挥社会各界参与教育决策和管理的作用。政府主

要对事业发展规划和招生计划、经费预算及统筹安排、教育质量、各类证书标准和学校设置标准等进行宏观调控。说到底，就是要对教育发展的速度、规模、质量、结构进行宏观调控，使之适应经济、社会发展的需要，不断提高整体的办学效益。

（五）积极推进以联合、共建为重点的管理体制改革

我国现行的高等教育管理体制，基本上是 1952 年院系调整时按行政大区为基础和以行业行政部门为主布局的。后来各省、区、市因本地区经济、社会发展的需要又办了不少地方院校，形成目前这种所谓"条块分割"的办学管理体制。近年来，由于社会主义市场经济体制的逐步建立，以及国家机构的改革，政府职能的转变，更直接增加了改革部门办学和管理体制的重要性和紧迫性。中央业务部门原所属高等院校，其中相当一部分是基础好、办学水平较高的重点院校。如何在隶属关系改变后，使这批学校不受损失，而且能通过改革得到进一步的健康发展，这是摆在我们面前的一项十分艰巨的历史性任务。中央已经做出决策，中央业务部门所属的高等院校，要分别根据不同情况，采取中央部门继续办，中央和地方共建，转由地方政府办，学校之间联合、合并以及由企业（集团）和科研机构参与办学和管理等不同模式进行改革。通过部门与地方共建、合作办学，高等学校合并，与企业和社会团体协作办学等多种形式实现了不同程度的联合办学。鉴于历史的经验教训，高等教育办学和管理体制的改革，必须坚持"自愿、互利"的原则，加强宏观指导，在改革的实施步骤上，应先进行试点，成熟一个，解决一个，逐步推开；防止"一哄而起"，不可搞"一刀切"。当然，若条件成熟，各方自愿，也应进行"下放""合并"等其他模式的改革。

高等教育管理体制的改革仍是我国当前高等教育体质改革的重要任务，必须使高等教育管理体制改革与高等教育发展结合起来；必须把高等教育管理体制改革与教育立法结合起来，走民主与法治的道路；高等教育体制改革必须和我国的改革开放政策相适应，以保证改革充满活力、顺利进行；高等教育体制改革必须和国家的宏观管理相结合，使我国高等教育方向明确、适应需要。高等学校管理体制改革必须有利于加强和改善党对高等学校的领导，有利于培养高质量的人

才，有利于发挥校长的作用，有利于广大教职工参与民主管理，有利于提高科研水平，有利于积极为社会服务。总之，要有利于高等学校的水平提高和快速发展。

第三章
高校教育管理的时代机遇

第一节　互联网时代高校教育管理的新取向

高校教育管理受到诸多教育思潮的影响，在"互联网+"的背景下，呈现出新取向。

一、教育管理的知识发展取向

在"互联网+"的背景下，以知识发展为取向进行教育管理，具备了现实基础与可能性。人类的知识大体上可以分为三类：人文科学、自然科学和社会科学。随着网络信息技术的发展，学校再也不能将其核心目标定为保证学生掌握学科中所有需要知道的知识。当教师为学生学习知识进行体系安排时，不能仅仅着眼于对知识内容的描述。这并不代表内容就不重要，而是意味着内容只是知识的一个方面。知识的范围很宽广，并不止于具体事物、物体、情境等，也不止于对事物的关系的解释。教育工作者在设计教学体系、进行教育管理的同时，要教给学生的是那些与知识本身相关的思维、方法、结构与过程，这样学生才能运用科学的方式来解读世界。学校教育在于让学生学会如何学习，这样才能面对未知的知识爆炸。以往的高校教育很难将知识与学生学习的能力结合在一起，教师往往只是单纯地完成教学任务，后续的学习只能靠学生自觉完成。对于那些自控能力差的学生，教师无法进行监督，课后的教学管理也往往落不到实处。

在网络条件下，知识体系以非常清晰的状态呈现在教师与学生面前。教师根据横向与纵向的知识体系，可以随时随地进行教育管理，教育管理的知识取向与教师的教学体系紧密相关。以高校教育成人本科专业的行政管理为例，由于成人学生的特殊性，以往很难同时推进面授课程和自学课程。在"互联网+"的背景下，这个问题得到了解决。教师在进行面授的同时，学生可以在网络上自学，教师还可以同时指导学生实践。必须掌握的知识点、需要慢慢体会的内容、在实践中运用的技巧，这些可以同时铺开，学生在这种扁平化的学习网络中可以同时构建自己图式体系中的知识与技能，这在以往的教学体系中是很难实现的，但在网络背景下可以实现。知识体系实现了这样的扁平化构建，教育管理也随之有了新取向。管理者根据教师的知识体系检验学生的学习情况，并随时反馈，使教育管理与网络管理紧密结合在一起。

二、教育管理的学生发展取向

教育系统的学生发展取向，强调通过有效智力发展过程发展学生用于更为广阔背景下的认知技能，教育管理也随之发生变化。这一取向体现了人本主义思想，强调了学生的需要与兴趣，认为教育的目的在于帮助学生发现自我。在这一过程中，教育教学所起的作用是为学生提供内容，教育管理是为其发展提供工具与平台。

传统的教学模式形成了传统的教学文化，传统的教学模式与文化凭借的是印刷体知识。教师与学生通过印刷体知识进行交流，学生的能力也是在对印刷体知识学习的过程中形成的。信息时代的计算机、手机、网络媒体等为知识讲授提供了新的解读方式，其最主要的特点就是使传统的能力培养的各种形式之间的界限模糊了。传统的能力培养主要是通过对印刷体知识掌握情况的各种检验来完成的，如语文教学中的听、说、读、写能力。互联网为学生提供了广阔的学习资源，学生可以在网络中根据自己的需要与兴趣寻求资源，以发展自己的各种能力。在这种情况下，教育管理更要因地制宜，贴近学生，才能促进学生发展。以高校教育的学前教育专业为例，学前教育是就业的热门专业，对学生的要求也具有相当高的专业性，该专业以学生德智体美劳的全面发展为目标，根据学生的兴趣开设选修课程。学生可以根据自己的需求与未来的职业定位选择课程，并且横向展开，而教育管理在其中起到良好的辅助作用。

三、教育管理的社会需求取向

教育是守正创新、面向未来的，教育的目的在于培养人才。人才培养一定要体现社会需求，高校的教学与教育管理也体现了这一需求。高校教育不同于基础教育，高校教育的毕业生大部分要直接参与到社会工作中，因此如何与社会接轨就显得很重要。近年来，随着社会经济的发展，随着人民生活水平的提高，互联网发展迅速，许多老专业呈现出了新的社会需求态势，而许多新的专业或以往冷门的专业被挖掘出了极大的潜力。面对这样的社会需求变化，教育教学体系必然要随之改变，教育管理也要发生新的变化，如保险专业的教育管理就要不同于其他专业。保险专业的学生需要学习会计学专业的相关知识，还要进行相关的社会实践，同时要参与到保险公司的各项活动中，这都是社会需求在教学中的反映，体现在教育管理中则更加复杂。针对保险专业的教育管理不能仅仅着眼于学生的学习成绩，还要与保险公司合作，根据保险行业的行业要求对学生的学习进行鉴定与管理，这都是在以往的教学与管理中不曾出现的，是"互联网＋"与时代的发展使社会需求对教育的影响比重逐渐增加造成的。在高校教育管理研究中，应充分参考信息技术社会对人才培养的要求，在科学知识与案例学习的基础上，兼顾技术运用与社会需求。

第二节　互联网时代高校教育管理的新准则

一、融入开放性的思想

我国现阶段的高等教育已经从原来的精英教育迅速转化为大众化教育，受教育者的求学情况、知识基础与以往相比发生了很大的改变。政治辅导员和班主任要指导学生正确面对竞争、面对择业、面对压力，引导学生规划人生，培养学生有宽广的胸怀和健全的人格，努力把德育融入学生成才、就业的全过程，要主动管理育人，提高工作效率和工作水平，创造更好的育人环境和氛围。

（一）建立优秀的管理团队和制度

如何适应时代的要求，培养社会需要的人才，是从事学生管理工作者的永恒话题，同时对学生管理领导干部提出了更高要求，必须加强队伍建设。学校高层领导应加强对学生管理工作的重要性的认识，挑选一批思想素质高、工作能力强、具有一定学生管理工作经验的工作人员担任学校学生管理领导工作，经常性地组织并开展对各分校、教学点学生管理领导干部的专业培训，全面提升学生管理干部的素质。通过各种方式组织开展校与校之间学生管理工作的交流，请学生管理工作突出的管理人士讲解、传授管理经验，并通过讨论交流，达到共同提高、共同进步的目的。

学校应建立导学教师引进、培训、考核、交流的整套制度。完善引进程序，严把入口关，力争把有能力、责任心强的导学教师引进来。建立严格的导学教师培训、考核制度。导学教师应对以现代计算机网络为主的多媒体现代远程教育技术有较深的掌握，能熟练运用计算机网络等媒体技术获取教学资源，并能配合辅导教师进行教学资源的整合，组织和指导学员开展网上答疑、BBS 讨论、双向视频等网上教学活动，利用 QQ 群、E-mail 等与学员进行日常沟通。完善导学教师的流动计划，打破以往导学教师队伍建设的封闭体系，激活用人机制，拓宽导学教师出口，加强导学教师的交流和提拔，解决导学教师的后顾之忧。

解决导学教师流动性较强、流失率较高的问题，必须加强导学教师的专业化建设，其中最主要的就是更新观念，尤其是更新领导的观念，全面提高导学教师的综合素质。导学教师在工作了一段时间以后就会积累一定的工作经验，也会认识到自身的不足。如果学校能制定一套完整的培训机制，给他们更多的培训学习的机会，不管是对学校还是对导学教师本人来说都是双赢的。另外，还可以加强导学教师之间的沟通与交流，使导学教师的业务能力不断提高，确保导学教师在工作中发挥应有的作用，保证开放教育学生的培养质量。

（二）注重培养优秀的学生干部

学生干部队伍应真正发挥先锋模范作用，真正发挥战斗堡垒作用。学校应健全团支部、学生会组织，主动让学生组织成为学校与学生、教师与学生沟通的桥梁，通过民主推荐、个人竞选产生学生干部队伍。帮助广大学生树立和培养学习自信心。一方面，肯定他们在以往的学习和工作中取得的成绩和努力，使他们充分看到自己的优点和能力；另一方面，循序渐进一对一式辅导，将他们在现在的环境中遇到的问题总结归纳，然后反馈经验。在交流沟通过程中，要注意交流态度，避免挫伤学生的学习积极性。

要充分尊重学生，成人学生的自尊心相对来说更强，并且也更容易受到伤害，老师的教育手段要不断改进，积极与学生磨合，减少代沟的出现。在沟通的同时，鼓励他们学习之后要在自己原有的领域有所创新和进步，帮助他们做好职业规划和人生规划。在思想教育过程中，应尽量避免用说教的方式，毕竟这些学生都是成年人。而强硬的教育态度只能引起学生的逆反心理，不仅不会配合老师的教育工作，甚至会放弃继续学习。对个别学生要单独关注，因材施教，明察暗访，找出学生学习困难的原因和影响因素，与周围同学同事努力解决问题，最大限度地激发他们的学习动力。

（三）通过加强校园文化氛围引导学生的学习和发展

开放教育的学生多以参加远程教育学习为主，他们渴望交流、渴望有丰富的校园生活，感受来自众多同学的支持与友谊。学校应主动提供学生情感交流、培养兴趣和寻求帮助的平台，能够促进学生之间交流沟通，传承成长经验，解答学生疑惑，碰撞智慧思想，传递情感关怀，培养同学友谊，消除学习孤独感，增强学生对开放大学的身份认同感、归属感和凝聚力，营造积极向上的校园文化氛围，促进学生的管理、学习和发展。经常性地开展校区、班级之间的各种比赛活动，增进学生之间的友谊，根据不同学生原来从事行业的不同，有针对性地聘请相关行业的专家学者到学校举办讲座，吸引学生的积极参与和交流。并用各种比赛的形式加强同行的良性竞争，使同学之间互相帮助、共同进步。导学教师应合理引导学生的学习积极性，帮助其树立明确的学习目标，使其学习既有针对性还能自我检测和反馈。

二、坚持以人为本的理念

随着现代教育的发展和教育改革的深入，以人为本的学生管理将最终取代传统的学生管理，这是学生管理改革和发展的必然趋势。人是管理中的首要要素，因而提高人的素质、调动人的积极性、促进人的全面发展是提高管理效果的关键。科学发展观的本质和核心是坚持以人为本。坚持以人为本，不仅在人类思想发展史上具有重要的理论价值，更应成为当今高校的一种新的办学理念。

（一）以人为本的管理理念概述

以人为本的管理模式以人为中心，在确立学生主体地位的基础上，围绕调动学生的主动性、积极性和创造性来开展一切管理活动，这种管理模式是高校学生管理模式发展的必然走向。以人为本的学生管理工作理念，就是要以人为出发点，充分尊重学生作为人的价值和尊严，充分尊重学生的人格、个性、利益、需要、知识兴趣、爱好，力促学生全面发展，健康成才，并能可持续发展。这意味着要从那种把对人的投资视为"经济性投资"的立场转变为"全面发展性投资"的立场。

以人为本的管理在处理人与组织的关系时，并不否定和排斥组织的目标，而是应把人的自我发展和自我完善作为组织目标的组成部分。高校学生管理中坚持以人为本的管理思想，就是指高校学生管理工作必须以调动学生的积极性、做好学生的工作为根本。具体而言，就是要在高校学生管理过程中坚持把教育和管理的对象 —— 所有学生作为全心全意为之服务的主体。树立"以人为本"的高校学生管理理念，营造良好的服务氛围，对学生能起到潜移默化的作用。高校从教学到行政管理，从学生学习到后勤服务，都要不断深化教育改革，转变教育观念，转变过去那种以学校为主体、以教育者为核心的工作思路和工作方式，变管理为服务，树立一切工作都是为了学生的健康成长的管理理念。以人为本的高校学生管理就是以学生的发展为高校工作的出发点和落脚点，一切为了学生，使大学生德、智、体、美、劳全面发展。具体而言就是要理解学生、尊重学生、服务学生、信任学生。

（二）实现以人为本的管理模式的必然性

人性化管理是以情服人来提高管理效率的，人性化管理风格的实质就在于充分尊重被管理者的自由和创造才能，从而才使得被管理者愿意以满足的心态或以最佳的精神状态全身心地投入学习和工作当中去，进而直接提高管理效率。人性的管理是情、理、法并重的管理，而不是放任管理，也就是我们提倡的教育人性化。对高校学生实行以人为本的管理模式是抓住了学生管理中核心的因素，因为学生管理就是人的管理。人的需求、人的属性、人的心理、人的情绪、人的信念、人的素质、人的价值等一系列与人有关的问题均成为管理者悉心关注的重要问题。这是高校学生管理的出发点和落脚点。

高校的基本职能之一就是为社会发展教育和培养人才，大学生已经具有了成为国家栋梁的基本潜质和条件，在教育和培养的过程中，要充分调动大学生的主动性、积极性和创造性，为他们提供能激发创造性和自主创新性的氛围。而要实现这一目标，高校学生管理就必须是人性化管理，实施以人为本的管理模式。首先要转变教育管理观念，树立科学的人才观。切不可用一种人才模式去苛求学生，限制学生个性的发展。学生管理工作者要有着眼于未来的宽广眼光和不拘一格育人的胆略。其次要着重提高教师的综合素质，强化管理者的人格魅力。

在新形势下，主观上学生群体已经不接受传统的高校学生管理模式，客观上高校管理所面临的形势也不能使这样一种模式维持下去。招生规模的扩大，贫困生数量的增加，个性培养和创新教育日益被高校所重视等，这些因素都要求高校学生管理必须抓住"学生"这一根本，转变管理理念，提高教师的综合素质，强化管理者的人格魅力。进行人本化管理，其实是对教师尤其是学生管理者提出了更高的要求。以人为本，促进高校学生管理和谐发展是时代发展适应大学生全面发展和个性发展的必然要求。

（三）构建以人为本的学生管理模式

1. 加深对学生的本质认识

高校学生管理，无论是计划和任务的确定，还是内容和形式的选择，都源于对学生的认识和把握，源于对学生发展中各种矛盾的深刻洞察。实际上，任何个体都有其自身具体、独特、不可替代的需求。不同个体的需求在整个群体中又都不是孤立存在的，它们之间是相互联系和相互作用的。就高校学生管理而言，学生对自身所处管理环境的感受，对自己在学校中的地位，对学习、恋爱、人际关系、就业等个人发展需要得以满足的程度，都是影响管理效果的重要因素。离开了对这些因素的认识、洞察和把握，高校学生管理就成了无源之水、无本之木。因此，我们只有全面考虑学生的个体情况，重视个人需要在管理中的地位和作用，并把它们看作运动的、变化的，高校学生管理才能有的放矢，提高管理效率，收到预期的效果。

2. 营造以人为本的校园文化环境

环境是人们赖以生存和发展的自然条件和社会条件的总和。校园文化环境，是指与校园文化的形成与发展密切相关的外部条件。校园文化环境包括校园的物质环境和校园的精神环境两部分。校园的物质环境是以布局成型的姿态出现的物质环境，主要指校容，如建筑物的布局，室外的绿化、美化，室内的整洁、美观、大方等。校园的精神环境主要是学校的传统习俗，校风、人际关系、心理氛围、文化品位及活动构成的气氛等。人的发展及才能的养成，是遗传、教育、环境共同作用的结果。就学校而言，这种对人的发展以及才能的养成产生影响的环境，就是校园文化环境，校园文化环境对学校的教育工作及师生员工的生活有着不可低估的作用。开展丰富多样、多元化的学生集体活动能够培养学生崇高的理想和高尚的道德情操，能够使学生的兴趣爱好和特长得到良好的培养和充分的发挥。在一个健全的集体中，学生的不良习惯及意识也比较容易克服，因为集体的影响、优良作风对学生思想品德的形成和发展能起到巨大的促进作用。

3. 构建以学生为中心的管理模式，实现学生自我管理

作为教育工作的重要方面，在管理工作中确保学生的主体地位，尊重和维

护学生自主学习的权利，就要保证教育主体的主观能动性得到充分的发挥，使他们的个性得到充分的张扬，使学生的潜力和发展的潜质得到充分的挖掘。积极实践学生的"自我管理、自我教育、自我约束、自我服务、自我发展"等，不断培养和提高学生独立思考问题、分析问题、解决问题的能力，这不仅是改进学生工作，为学生的自主发展提供更大空间的需要，也是高校教师这些年来在学生管理工作中的成功经验。实际上学生的"自我管理"，就是一种民主的、开放的、人性化的管理，它更加有利于实现学生成才的目标。

（四）加强以人为本的管理

做好学生管理工作，需要大家不断地努力，通过多和学生沟通，了解学生，从而更好地做好学生管理工作，立足于学生所需、学生所想，实实在在地为学生做好服务。在管理方面，教师应该更多地阅读教育学方面的书籍，更好地了解现阶段学生，知道怎样处理出现的问题，同时做学生管理工作的老师需要有满腔的工作热情和无私奉献的精神，这是一名管理者应该具备的，时时刻刻关心学生，了解学生的需要，从更人性的方面出发。然后老师也需要合理的晋升培训机制，更好地鼓励管理工作做得好的老师，只有这样教师才能更有动力做好管理工作。

（五）提高学生管理工作者的素质

以人为本的管理理念体现出管理的自主性、民主性、灵活性和发展性等特征，这对学生管理工作者提出了更高的要求。所谓"教书育人"就是通过"教书"这一手段和过程达到"育人"的目的。高校各门课程都具有育人功能，所有教师都有育人职责。学校道德教育的成效在很大程度上是由教师的道德素养所决定的。教师及各类管理人员要从不同的方面对学生的行为产生影响和作用，确立全员育人和全程育人的观念。学生工作者要深刻认识并准确把握经济社会形势和发展趋势，面对这些变化所带来的影响，能够因势利导做好学生的教育引导工作。

建设一支高素质的学生工作队伍，一方面，高职院校要按照要求认真做好建设规划，做到与师资队伍和其他管理人员队伍的建设统一规划、统一实施；要明确条件、坚持标准，切实做好人员选配工作；要周密计划、合理安排，扎实推进人员培训工作；要提出目标、严格要求，不断增强学生工作者的责任感；领导和有关部门要对学生工作者思想上重视、工作上支持、生活上关心、政治上爱护，使学生工作者都能够随着形势的发展和工作的进行不断提高素质和水平，以满足事业发展的需要。另一方面，也要求学生工作者加强自身修养，明确神圣职责，增强责任观念，树立服务意识，努力学习，积极实践，深入思考，大胆创新，不断探索新形势下学生工作的新路子、新方法，不断总结适应新形势、新情况下的学生工作的新经验、新成果，在全面服务学生成长成才的过程中发展自己，实现自身的价值。

以人为本的学生管理要追求以新奇制胜，以巧妙攻心，关注学生的日常生活和学习生活中行为表现的细枝末节，把为学生服务放在重要位置，创造性地进行管理。只有坚持"以人为本，和谐发展"的管理理念，适应现代科学发展观的要求，倡导积极向上的学习观、人生观、价值观，实现学生管理模式的改革与创新，才能真正促进学生的全面发展、和谐发展和可持续发展。

三、增强教育服务意识

现代教育以促进人的现代化和主体的全面发展为中心。主体性、发展性是现代教育的本质规定。基于此，现代教育倡导"教育是一种服务"的教育管理理念。它强调教育者（教师）以满足受教育者（学生）个性发展，为受教育者创造全面发展和主体生成的情境和条件。它概括了当今教育的经营态度和思维方式。在如何开展教育管理和教育活动问题上，相对于传统的教育管理理念，它具有自身的特点。教育服务理念体现了现代教育以人为本的精神，突出了主体，突出了主体的生成和主体性发展；以培养现代主体人格为根本。它直接着眼于人，着眼于人的发展。

（一）教育服务理念为改革高校学生管理提供内部驱动力

我们的教育理念是培养人、改造人、塑造人，这具有很大的合理性和教育价值，但是，怎样操作和实施，我们应树立高等教育服务理念，能够促使高校树立责任意识、市场意识和竞争意识，促使他们关注社会与受教育者的个人教育服务需求，推动高校自觉自主地进行改革，把握市场动向，完善服务体系，增强效益意识，提高服务质量。来自管理者自己对这种改革的需求和认同是改革高校学生管理最主要的动力。

要求高校学生管理者树立教育服务管理理念，就是期望在形成教育服务理念的同时，一方面，使管理者意识到自己与服务，服务与学生的密切关系，因而去尝试改变对学生的态度，尝试用一种全新的视角去看待学生。另一方面，也让管理者从根本上认识到传统管理的问题所在。服务理念首先是将服务对象当成自己一切服务工作的对象和焦点，将学生满意不满意作为衡量管理业绩的重要指标，在客观上就迫使管理者去反思原来的管理理念，并努力去接受新理念、新方法。这样，就能形成一种内在动力去推动他们进行改革。

（二）教育服务理念为引导高校学生管理提出新的目标

学生是共性和个性的统一。共性是指学生的群体属性，个性则指学生的个体属性。处于同一年龄阶段的学生，由于他们生活经历的相似性，他们的身心发展在同一规律支配下，表现出某些相同或相似的属性和特征，即共性。但这些共性只是相对而言的，由于个体间遗传因子、家庭背景、社会环境及教育影响的差异，学生的身心发展无论是在内容上还是在水平上都是千差万别的，学生的性格、兴趣、爱好、智力、能力不完全相同，即具有个别差异。这种个别差异是绝对的，是不以人的意志为转移的。这是学生管理必须面对的事实。

树立高等教育服务理念，不仅能够让我们意识到学生共性和个性的差异，还能够让我们意识到：高等教育服务的生产者是教育工作者，他们通过消耗智力和体力，而生产出适合不同教育对象需求的，具有多方面性能的教育服务，处在生产领域。学生则是高等教育的消费者，处在消费领域。这种理念为高校学生管理实践提出了新的目标。

作为提供教育服务的教育者，在学生管理中应以学生为本，尽量满足学生（作为消费者）的需要。不同的学生有不同的需要，同一学生不同时期的需求层次也不尽相同，需求的多样化决定了教师工作的复杂程度。要生产出优质教育服务，以满足不同人的所有合理需求，教师就要自觉地树立以人为本的服务理念，"弯下腰去"掌握学生的思想动态，了解他们需要什么、喜欢什么、在想些什么、关心什么、拥护什么、反对什么、兴趣何在，更要了解不同年龄学生身心发育的规律和特征。要深入课堂、深入食堂、深入学生宿舍中，深入学生活动的各个方面，只有这样，才能从学生的角度制定出符合他们身心发展需要的管理规章，才能努力完善他们的个性，充分发挥他们蕴藏在身体内部的创造潜能，才能受到更多学生的欢迎和喜爱。教师还要了解学生需求的变化。社会在变，时代在变，生活环境在变，学生的思想观念也会随之发生变化。这就要求教师不断调整教育方式，随时了解以前的规章是否符合发展的实际，以前的教育方式、教育手段还是不是学生愿意接受的。

（三）教育服务理念为高校学生管理创造新型师生关系

传统的教育理念认为，学生是教育的客体，教师是教育的主体。受这种教育理念的影响，在学生管理中，教师和学生之间是管理者与被管理者的等级式的、指挥与服从的关系。树立高等教育服务理念，要求教育者重新审视以前的师生关系，树立新型的师生关系。

从高等学校教师方面来看，在教育服务生产过程的师生关系中，学生作为教育服务消费者，在教育过程中占有重要地位，教师必须予以尊重，教师作为教育服务生产者，不能不认真考虑作为教育服务消费者学生的意见要求。这意味着教师必须改变角色意识，树立服务理念，从提高服务质量、保证消费者满意的角度出发来考虑一切，才能做到因材施教。

从学生方面来看，意识到接受高等教育是对高等教育的消费，意味着他们必须树立独立意识和自主观念，他们必须对自己的选择和行为负责，不能完全依赖学校和老师。这种新型的师生关系有利于学生管理中师生平等地、朋友式地、相互尊重地交流对话。管理者也只有从观念上意识到对学生进行管理就是对学生的一种服务，教师才可能真诚地去爱，真诚地付出，新型的师生关系才可能得以建立。在这种新型的师生关系中，学生管理倡导以"爱"为核心的情感管理。

爱是一切教育的起点，是开启学生心灵的一把金钥匙，也是教育引导和管理学生的一种精神动力。只有爱学生，管理学生才能做到十分耐心，了解学生才能非常细心，为学生服务才会一片热心。而爱学生的最有效途径就是和学生交朋友，成为学生的良师益友。这样，一方面可以唤起学生管理者的友爱之心，使学生管理者乐于并善于与学生交友；另一方面可以使学生把学生管理者看成值得信赖的人，向学生管理者敞开心扉、吐露心声，心悦诚服地、愉快地接受管理。

（四）在学生管理工作中树立服务意识的几点建议

1. 建立一套科学、规范、完善的学生工作制度

高校应按照国家有关法律规定，依据本校实际情况制定完整的、可操作性强的程序、步骤和规章制度，并以此规范学生的行为，行使有效的管理。完善学校的规章制度应确定制度主体，不仅学校领导参与、管理者参与，作为被管理者的学生也要参与，这样才能充分体现学生的利益，实现"以人为本"。

学生管理制度应当完善，不仅要注重实体内容，还应当注意到程序内容。比如，学生处分制度，应当列明学生在哪些情况下会受到处分，还应有学生辩护机制和申诉机制。在所有的程序都进行完之后，再由决策机构来认定处分该不该执行。

学校应有快速的反应机制，国家一项新的学生管理政策或者法规出台以后，学校应快速制定出相应的实施意见。除了这些强制性的规定，还应当有一系列的自律性的规定，使学生明确集体生活中行为自律的重要性而自觉规范自己的行为。

2. 发挥学生主体能动性，变被动管理为自我管理

在工作中要注意调动好学生自身参与管理的积极性，让学生积极参与学生管理工作，改变学生在学生管理工作中从属和被动的地位，不单纯地把学生看作教育管理的客体，以利于消除大学生对于被管理的逆反心理，实现大学生的自我管理。学生管理中宜推行以学生工作处指导下的，以辅导员、学生干部为调节的，以学生自律委员会为中心的相对的学生管理方式。既能锻炼学生的能力，又达到了管理的目的。

3. 完善对学生管理者的选拔模式和培训机制

提高学生管理工作者的待遇，建立一支专业稳定的学生管理队伍。

（1）学生管理者的选拔模式要创新。

如今的学生管理工作者的选拔制度存在一定的缺陷，有的是毕业生为了留

校做老师而将从事学生管理工作作为以后成为任课教师的跳板；有的则是通过种种关系安排进来的。因此，在这样的情况下，学生管理工作者很难保持高涨的热情，管理水平也不一定很高。而新的选择模式是要面向全社会，以完善的选拔机制来完成对学生管理工作者的选拔，这样能招募到各类人才，使学生管理队伍进一步扩大并提高一定的质量。

（2）学生管理者培训机制要创新。

学生管理工作是一项很灵活多变的工作，需要管理者有足够的经验和专业知识来处理各种突发事件，因此，对管理队伍的专业培训显得尤为重要。在新型学生管理模式下，任课老师是一种了解学生情况和反馈情况的角色，宿舍管理者也是一个重要的角色，因此，原来这种专业性的培训机制针对的主要是校、院、班三级的学生管理工作者要改变，应面向专业课教师、学生辅导员和宿舍管理员，对学生辅导员、宿舍管理员要注重教育学、心理学、管理学方面知识的更新与培训以及他们对突发事件的应急处理能力，让他们将"学会管理"与"学会学习"结合起来，使学生管理工作者能不断超越自我，从而培养出一支专业稳定的学生管理队伍。注重专业课教师对学生工作相关知识的了解程度的培训，使他们从被动到主动关心学生的成长，关心学生工作，从而在各高校树立全员育人的思想。

（3）关注学生管理者的待遇。

学生管理工作需要管理者保持极大的耐心和工作热情，管理工作相当烦琐，使得很多管理者不能维持工作的长期性，而管理者的经常变动则影响学生管理工作的开展和完善，因此，提高学生管理工作者的待遇，使其能稳定地从事这一工作是必要的。

四、坚持"三贴近"原则

"贴近实际、贴近生活、贴近群众"是我们党宣传思想政治工作长期实践的总结，也是我们党的传家宝。高校作为培养人才的摇篮和宣传先进思想的前沿阵地，只有紧紧围绕"三贴近"这个核心不动摇，高度重视、认真学习并贯彻落实，才能更好地做好高校学生管理工作。

要始终如一地坚持以"三贴近"为指导，就要进一步加强学生管理工作在学校工作中的地位，以学生为本，促进学生的全面发展。

（一）搞好学生思想政治工作要坚持以"三贴近"为根本准则

高校学生思想政治工作要贴近实际、贴近生活、贴近学生，这是对高校学生思想政治工作的全方位、多层次要求。而在实践中，高校学生思想政治工作要真正做到"三贴近"，做好"三贴近"，体现"三贴近"的本质要求，需要贯彻以下几条基本原则。

1. 贯彻解放思想、实事求是、与时俱进、开拓创新的原则

解放思想、实事求是、与时俱进，是我们党的思想路线的精髓。思想政治工作要做到"三贴近"，必须在学生管理工作中始终贯彻这条思想路线，推进思想政治工作的不断创新。贴近实际、贴近生活、贴近学生，就是要求我们把实际生活、社会实践放在第一位，将其作为思想政治工作的真正出发点。

2. 贯彻联系学生、服务学生、求真务实、力戒虚浮的原则

所谓贴近实际、贴近生活、贴近学生，其核心就是要以服务学生为出发点，始终与学生保持密切的联系。组织和发展学生党员的工作一直是大学生思想政治工作的重点，学校应号召全体学生党员和学生骨干开动脑筋，当好指导员；遵守规章制度，配合老师，当好监督员；及时了解同学的情况，总结汇报事实，当好信息员；帮助困难同学，深入同学生活，当好服务员；帮助老师出谋划策，提出合理建议，当好参议员；主动打理后勤工作，养成良好的习惯，当好勤务员；按照教学安排，认真搞好学习，当好教导员；解除心理恐惧，勇敢面对现实，当好咨询员；配合党组织工作，积极响应号召，当好宣传员；临危不慌不乱，沉着冷静应对，当好指挥员。充分发挥基层党组织的战斗堡垒作用和学生党员的先锋模范作用，形成学生党员带预备党员、预备党员带积极分子、积极分子带群众学生的良好局面。

3. 贯彻积极引导和积极适应相统一的原则

贴近，从一定意义上讲，也就是适应。这里讲的引导和适应，是积极的引导和积极的适应，也就是工作要从现实出发，从学生的利益出发，在这个基础上

提出教育、引导和提高的步骤和目标，拟订教育、引导和提高的方案。

（二）贴近高校实际，从高校实际出发

1．要从高校所承担的政治职能出发

政治职能是高校最重要的职能之一，高校要向学生传播国家和社会所倡导的主流意识形态，并坚持用党和国家的基本方针政策开展教育。因此，高校学生管理工作首先要从党和国家的基本方针政策出发，从国家和社会所倡导的主流意识形态出发。具体来说，要关注党中央所要求的当下思想政治工作的重点，贴近当下的中心任务。所以，全体学生管理工作者要定期学习党中央的方针政策，领会当下的工作重点，保证学生管理工作不脱离正确的方向。

2．要从高校思想政治工作的现实环境出发

高校思想政治教育环境可分为硬环境和软环境。硬环境指高校的硬件设施，如教学楼、实验楼、图书馆、学生公寓、仪器、设备、媒体网络和各种文体设施等。从硬环境出发就是要依托学校的硬件设施，充分利用学校的有效资源开展思想政治工作。比如，利用学校的网络资源进行网上思想政治教育，在网上设立虚拟社区、虚拟课堂等，让学生在不受教师影响和学生群体压力的状态下说出心里话，从而把握学生的真实思想动态，有针对性地对其进行疏导。再如，利用学校的各种文体设施举办一些有意义的文体活动，将思想政治教育渗透其中，在潜移默化中提高学生的思想水平。软环境指校园的文化环境，包括学校的校风、学风、校训、教学思路、教学体制、文化底蕴和学校建筑布局的美学、人文思想等。校园文化对学生的影响是循序渐进、具有渗透性的。因此，学校的校训有无概括性、警示性，校风有无文明性，学风有无进取性，学校教学思路有无灵活性，教学体制有无开放性，学校文化底蕴有无浓厚性，学校建筑布局有无审美性等，都是高校学生思想政治工作能否有效开展的软性基础。

3．要明确学校教育的特性，从学校教育的实际特点出发

学校教育与家庭教育、社会教育的最大不同是学校所进行的各种教育都是有组织、有计划、有步骤的，并且学校主要进行的是理论教育。这一特点决定了学校思想政治教育的方式主要是进行系统的正面理论教育，目的是帮助处于世界

观、人生观、价值观形成和逐步稳定时期的青年学生形成正确的政治观点、思想观念和道德意识，形成正确的道德判断和行为能力。列宁在《怎么办？》一书中详细论证了"灌输"原理。他认为："工人本来也不可能有社会民主主义的意识，这种意识只能从外面灌输进去。各国的历史都证明，工人阶级单靠自己本身的力量，只能形成工联主义意识。"根据人们思想道德品质形成发展的规律，需要进行反复教育才能取得一定的效果。目前，高校的思想政治理论课一般安排在大一和大二，以修满学分的形式结课。这种方式违背了人们思想道德品质的形成发展需要反复教育的规律，大多数学生在拿到学分后便将知识扔到一边，头脑中的基本理论所剩无几。所以，整个大学阶段都应开设政治理论课，大一、大二进行基本理论教育，大三、大四要结合实际帮助学生运用所学理论分析政治现象和社会问题。只有这样，高校思想政治工作才能做到符合学校教育的特点，贴近高校实际。

（三）贴近大学生活，从学生现实生活出发

高校学生生活可以简单分为课堂生活和课余生活。从学生管理的角度来讲，如果说课堂生活主要解决学生的认知问题，那么课余生活就是主要解决如何促进学生的知行转化问题。贴近高校学生生活主要是指贴近学生的课余生活。高校学生课余生活首先集中在寝室，即宿舍生活，其次是食堂，最后是娱乐场所。

1. 要贴近学生的宿舍生活

一般高校均采取流动教室的做法，各专业学生没有自己的固定教室。宿舍是高校学生每天都要滞留的地方，宿舍生活构成了高校学生生活最重要的一部分，对高校学生思想政治品德行为的形成具有潜移默化的作用。因此，贴近高校学生生活首先需要从贴近宿舍生活入手，把教育管理工作渗透到日常的宿舍管理和宿舍文化建设中。随着我国教育改革的推进，各高校逐渐推行宿舍管理社会化的做法，把宿舍楼交给独立运行的物业管理中心来管理。这给在宿舍开展教育管理工作带来了新的情况和问题。在物业管理中心制定宿舍管理规定的时候，高校学生处和教师等相关管理工作者应参与其中，把教育管理工作的具体要求固化到宿舍管理规定中，同时各年级的教师要协助宿舍楼长和管理员做好宿舍卫生的检

查和评比工作，要在宿舍文化建设中发挥主导作用。

2. 要贴近学生的食堂生活

高校学生一日三餐的时间一般在食堂里度过，食堂是除宿舍之外又一个学生经常集中和滞留的地点，教育管理工作贴近食堂生活也具有重要意义。或许是为了管理的方便，一些学校的食堂会有高档菜、中档菜、低档菜等有等级差别的标识语，这与我国建设和谐社会的大背景不相适应，学生生活水平（反映家庭生活条件）的差距在食堂里很明显地体现出来。如果人为地将食堂饭菜进行等级划分，将给不同生活水平的同学造成不同程度的影响，尤其会给大一新生造成不适感，这会影响整个校园生活的和谐度。所以，贴近高校学生的食堂生活，应从此类细微处抓起，利用环境对学生品德的渗透作用，为学生营造积极的环境，避免环境的消极影响。

3. 要贴近学生的娱乐生活

高校学生的娱乐生活丰富多彩，既有多种传统的文体娱乐活动，也有新兴的现代都市娱乐活动。传统娱乐活动一般包括跑步、打球、游泳等，现代都市娱乐活动一般指伴随信息时代的到来而出现的网上娱乐、社会性娱乐等。在传统娱乐活动中，要注意诚信合作与公平竞争意识的渗透和培养，在新兴的网络娱乐活动中，要注意网络道德的渗透和培养。

（四）贴近学生思想，从高校学生思想实际出发

贴近学生思想就是要准确把握高校学生的思想动态。对于不同年级的学生要针对其不同的思想发展状况采取相应的教育管理方法，选择相应的教育管理内容，并灵活选择教育管理时机。

以大学一年级的学生为例，大学一年级学生的思想状况一般呈现以下特点：①不适应感。大多数学生是第一次远离家乡来到一个陌生的城市，对新环境、新生活除了欣喜和好奇之外，更多的是不适应，包括不一样的饮食习惯、语言风格和文化习俗等。②挫败感。考入大学的学生，尤其是考入重点大学的学生，他们在高中时代多是精英。但进入大学以后，由于环境和竞争对手的改变，以前的优越感便不存在了。③孤立感。由于学生来自五湖四海，彼此之间不了解，加之习

惯的不同，新的同学关系的建立需要一个过程，在此期间新生就容易感到孤独，主要表现为和高中同学、朋友和家人联系比较频繁。④强烈的学习动力和热情。高涨的学习热情不仅表现为课上积极讨论，也表现为课下积极参与各种社团和活动。⑤学习的盲目性。由于生活内容的多样化，很多学生一时找不到学习目标，往往以娱乐代替学习或者把精力全部用在对课外知识的学习上，导致部分学生期末考试不及格。在对大一学生开展教育管理时，必须结合上述思想特点，有针对性地进行新环境的适应性教育、大学学习方法指导、大学生活规划教育等，以促进大一学生尽快适应大学生活，减少各种心理问题的产生。

（五）完善对学生的管理、指导和服务，要以"三贴近"为根本宗旨

在实际工作中，要始终坚持以"三贴近"为根本宗旨开展工作。贴近实际、贴近生活、贴近学生，是高校学生管理工作的一条历史经验，是高校学生管理工作所应遵循的基本方针，也是高校学生管理工作增强针对性、实效性的根本保证。在新的社会历史条件下，站在新的历史高度，从新的、更加开阔的视野来认识、研究这个问题，并使这一方针以更为丰富的内涵在高校学生管理工作实践中得以贯彻，对于高校学生管理工作适应时代要求具有重要的现实意义。

第三节　互联网时代高校教育管理的新环境

一、网络环境对大学生学习和生活的正面影响

（一）有利于大学生的学习和成才

网络是巨大的资料库和信息服务中心。学生可以超越时空和经济的制约，更快地查找学习资料，学会更多课堂以外的知识，从信息中获取养料，完善知识

结构。同时，网络又为学生提供了角色实践的舞台，在这里，学生可以大胆尝试、不断开拓。计算机网络的逐渐普及，使得大学生能够从网络上获得千变万化的信息和知识，发展和壮大自己。通过上网，社会经验不足的大学生可以得到充实和提高。他们可以通过网站了解校园文化、社会热点、国家大事、国际风云；了解政治、经济、文化、军事、哲学、科技的发展动向、历史沿革；进行休闲娱乐、感情交流、学术讨论等。所以，网络在很大程度上可以使学生得到各方面知识和锻炼，成为象牙塔中的社会人。网络作为一种教育手段，具有信息量大、传播速度快、影响范围广等特征。它不仅丰富了教育内容，拓宽了教育途径，帮助学生在广阔的环境中学习和积累知识，而且有利于学生形成和发展个性。校园网站和教育管理网站的建立和发展，为学生接受知识提供了更有利的条件，由此，教师可以了解到更为真实的学生思想动态，从而提高思想教育工作的针对性。

当前，因材施教的教育方式很难实现，而使用各种各样的教育和科研网站则可以弥补这一缺陷。每个学生都可以根据自身发展需要浏览不同网页，还可以从网站上浏览和学习本校不具备而其他高校具备的教学资料，借鉴学习方法，达到居一校而学各校，知己知彼、扬长避短的效果。

（二）有利于大学生开阔视野，培养创造性思维

网络是知识和信息的载体，它作为一个全新的事物进入我国，引起了创造性极强的大学生群体的极大好奇，也正是由于网络本身的广泛应用和软、硬件技术的不断改进和更新，给广大学子带来了极大的创造空间。网页制作、软件设计、三维动画、工业造型、电脑预决算、网络科研项目、网络课件、远程教育技术服务、大学生网络创业大赛等，无不在内容和形式上激发了大学生的创新欲望。于是，一大批以在校大学生为核心的电脑公司、网络公司、信息公司等学生企业应运而生，它们推动并引领了当今高校学子的无限创造激情，也给国家的经济发展带来了生机和活力。据调查，国际某知名品牌从全国各高校选取了大批在高校学习中创造性极强的学子充当其技术核心力量，每年各高校也不断涌现出国家创造发明专利的获得者。网络时代有利于培养大学生的发散性思维，帮助他们正确地看待周围的人和事，树立科学的世界观和人生观。

（三）扩大了大学生的人际交往范围，有助于建立良好的人际关系

心理学家普遍认为，良好的人际关系是心理健康的标准之一。相关实证与研究也表明，人际关系与个体心理健康有着密切关系，良好的人际关系有助于个体的心理健康。一个缺少朋友，不能与他人和谐相处的人，一定是心理不够健全的人。不同学派的学者，无论是在心理疾病的原因探讨还是心理治疗技术的研究中，都非常重视人际关系的地位和作用。沙力文认为精神病包括人际关系中不适宜的整个领域，主要是患者的童年人际关系被破坏，从而产生严重的焦虑感，导致精神的分裂。在人本主义心理学者眼里，人际关系与心理健康的关系问题更是被看作心理健康和治疗研究的中心问题。他们认为，自我实现者的重要特征之一就是能够与他人建立良好的人际关系。认知心理学的学者们则主要从人际关系问题解决方面对人际关系与心理健康的关系进行深入探讨。

人际关系冷漠是现代社会生活中日趋严重的一种社会病。人们在钢筋水泥的森林中孤独地出没，急切需要快捷便利而又自由的交际方式。网络交往使人们的交往空间扩大，人际沟通的时效性、便利性和准确性提高，有利于良好人际关系的建立和发展，为学生网民的心理健康带来积极的影响。在传统的交往方式下，个体的人际交往常常囿于现实中狭小的生活圈子。网络社会的人们却可以跨越千山万水，突破地域空间的限制，让整个地球变成一个小小的村落，真正实现"我们的朋友遍天下"。网络可以让人足不出户，在数秒之间找到多年挚友般的倾心感受，免去彼此的客套、试探和戒备。同时，由于网络人际交往的匿名特点，学生网民间一般不发生面对面的直接接触，网络人际交往比较容易突破年龄、性别、地位、身份、外貌等传统人际交往影响因素的限制，建立更为和谐、民主、平等的人际关系。

网络不仅使一般的社交便利性提高、社会圈子扩大，还解决了某些具有特殊困难的人的社交问题。例如，一个面部严重烧伤的人可能因为变形的面部使得很多人不愿或不敢接近；边防哨卡的士兵可能因为交通不便和职责原因，无法与外界沟通……电脑网络为这些特殊的人提供了人际交往的新天地。此外，电脑网络也可以作为某些社交恐惧症患者"系统脱敏治疗"过程中的初级训练工具，让他们首先通过网络与他人进行无须直接面对面的接触和沟通，建立起人际交往的

信心，随后再进行现实的人际交往训练。网络最突出的优点是它的交互性，它既是信息的载体，又是媒体中介，实现了人与人之间交流的通畅。目前，在校大学生大多数为独生子女，他们渴望与同龄人交流并得到认可。独生子女在家庭中处于中心地位，在走出家门的人际交往中往往会受到强烈的冲击和挑战。大学生心理障碍严重影响学习和生活，很多案例显示，大学生因人际交往形成的心理障碍导致了多种不良后果。同时，大学管理机制与中学不同，学业和未来择业的压力迫使每个学生为学习疲于奔命，校园文化的丰富多彩又使不定时人际情感交流增加，而网上交友就解决了专心学习和择时交友的矛盾。

（四）有助于提高大学生的心理健康水平

现代心理治疗理论非常重视宣泄在心理健康维护和治疗中的作用。心理咨询师的重要任务之一就是为受到压抑的心理症结提供宣泄的渠道。但是，由于传统观念和行为习惯的影响，很多人在遇到各种烦恼和心理问题时，往往没有勇气或不习惯找心理医生，也不愿意向身边熟悉的人倾诉。这种"家丑不外扬"的普遍心态显然不利于心理问题的及时解决，也不利于心理健康。网络的匿名性特点有利于学生网民不良情绪的及时释放和相互之间的情感帮助、心理支持。

目前，互联网上的心理健康站点主要包括高校心理学系主办的网站、心理医院网站、个人创办的专业心理网站、心理学杂志社的网站以及其他网站的心理专栏等。尽管这些心理学的专题网站各自的侧重点有所不同，但它们都自觉担负起了普及心理健康知识、提供专业心理援助的责任。这些网站主要涉及心理健康知识、心理健康状况自测、网络方式的心理咨询与辅导、心理医院和心理医生的介绍及求医预约、心理健康研究动态等。虽然受经验、人手和资金等诸多因素所限，这些网站的内容还不十分充足，质量也参差不齐，但它们既方便快捷又具有较好的保密性，因而受到大学生的广泛青睐，在一定程度上对大学生的心理健康辅导起到了积极作用。

此外，要正确认识心理健康问题，个体心理健康水平存在很大程度的差异，低层次的心理健康指的是没有心理疾病症状，高层次的心理健康是指人的潜能得到充分发挥或自我实现。因此，即使是正常人也要不断提高自己的心理健康水平，较好的心理健康水平意味着个体各种心理素质的和谐发展。网络有助于提高大学生的自信心，激发他们的想象力、求知欲和创造性，提升他们的心理健康水平。

（五）在指导大学生就业方面有着得天独厚的优势

随着我国高等教育从精英教育到大众化教育的转型，招生规模日渐扩大，升学人数不断增加，就业形势日趋严峻。如何在激烈的就业竞争中找到适合自己的工作，是一个严峻的现实问题。近年来，网上就业指导已初露端倪，很多高校就业办公室已将网络作为获取就业信息的主要渠道，许多高校校园网上的"就业指导"专栏信息量大，功能完备，可以保证所有新的就业信息及时上传。

网络承载的信息不同于传统的广电新闻，它突破了时空限制，使用者根据需要，可以随时点击浏览、比较总结。同时，网络招聘范围广、信息量大，学生可以从网上浏览企事业单位的背景和详细资料及其发展演变情况，比从现场招聘了解到的企事业单位的信息还要全面。因此，具备一定计算机专业知识的大学生纷纷利用网络求职，在网上为自己选择就业单位。同时，网络招聘快捷方便的优势令兼有经济压力、学业压力的大学生可以节约资金、时间、精力，在付出较低成本的情况下，提高了和用人单位的接触频率。

二、网络环境下高校学生教育管理工作新机遇

就教育主体而言，网络时代对教育主体提出了更高的素质要求，无论是学校政治思想教育的指导思想的摸索、制定、贯彻，还是信息系统的建立、维护和改善，都离不开一支既有过硬的思想水平和觉悟，又具备较高的网络管理才能和信息时代思维方式的教师队伍。教师应加强计算机及网络技术的学习，把网上研究与学生工作紧密结合起来，成为学生在信息世界中的指导者和组织者；树立一种"教会选择"的观念，调整自己的角色，从"教会顺从"的训导者变成"教会选择"的指导者。

就教育客体而言，网络为学生打开了沟通世界的大门，扩大了学生的交往面，但过度依赖网络，采用匿名的间接交流方式，逃避直接交往，不利于学生的心理健康。网络让学生更自由地表达自己的思想，但往往由于过度自由、无约

束，各种虚假、错误的信息充斥于网络，使之缺乏明确的思想导向。网络有利于学生了解多元文化，但国际上的强势文化也趁机冲击着学生正确的世界观、人生观和价值观的形成。网络互动使学生人际关系的范围扩大、主体性增强、互助性增强。网络打破了语言、地域、身份、地位、社会制度、文化背景甚至心理等局限，扩大了人们的交往范围，从而有利于促使学生关心全人类，加速他们在世界大范围的社会化进程。但由于学生自身社会化不足、自我约束力不够，也会引发一系列问题，如民族认同感的淡化、自我角色失调、人际异化和自我异化等。

就教育环境而言，网络促进了人类文明成果的大交流和世界文化的大创新。这些新的人类文化成果丰富了学校德育的内容，拓宽了德育的文化视野，形成了新的学校德育文化环境，对学校德育有深远的积极意义。网络媒体环境的公开性为学生的社会化创造了更为开阔的空间和更为便利的条件，网络所构筑的虚拟环境也为学生提供了更大范围的社会实践环境。

就教育内容而言，网络时代人们的交往方式、思想观念、价值取向发生了系统的改变，并产生了一些新的道德要求，现实的道德规范在网络社会中已显得不足。为了适应这一全新的社会环境，需要构建新的道德规范体系，德育教育必须重构自己的道德内容。因此，网络时代学校德育的内容应注重培养学生的自主选择能力、判断能力和自我约束能力。

就教育效果而言，网络作为一种沟通途径，有利于促进师生双方的沟通，有利于提高德育实效。另外，网上资源丰富、信息共享，有利于开阔教育者的视野，从而提高德育的质量。利用网络技术形成生动的虚拟现实生活环境，可以为学生进行各种价值选择提供虚拟体验，提高学生的兴趣，从而提高德育效果。

第一，网络时代的来临有利于增强高校学生管理工作的针对性，为高校学生管理工作奠定良好的思想基础。在传统的高校学生管理模式中，学生处于一种接受知识的位置，不利于学生思维的发散，创新精神被排斥或限制。而在网络环境下，网络文化的强烈开放性和全球化、数字化、虚拟化等特点，使学生可以自由、平等地体验网络文化带给人们的新境界。学生由传统的被动式接受知识的"灌输"教育转化为主动参与思想交流，赞成什么、反对什么均可以在网上表达。这使教育管理者能够获得学生真实的思想信息，为教育工作的研究及开展针对性教育提供了契机。同时，教育管理者也可以在虚拟的网络世界里发布有益的信息，从而对大学生的思想进行积极引导，这对于增强教育的效果也具有重要意义。

第二，网络文化迅速占领校园，显示了其强大的生命力，备受大学生的欢迎。这极大地刺激了大学生的创新意识、竞争意识和实效意识，落后、封闭、保守的观念被他们抛弃。网络文化也开辟了大学校园文化的新领域，形成了新的文化范畴和文化精神，使大学生在道德观念、生活态度、思维方式、行为模式、心理发展、价值取向等方面表现出新的发展与提升，在客观上为高校学生奠定了良好的思想基础。在网络上，学生乐于敞开心扉说实话，自由发表意见和见解，有利于高校教育管理者更迅速、更确切地了解学生的思想情绪，掌握其思想动态和利益要求，从而把握其思想脉搏和心理脉络，并对症下药，做好教育与引导，从而增强工作的时效性和针对性。

第三，网络的特点使高校学生管理工作更具亲和力和人情味。网络具有开放性和虚拟性，网络信息具有可选择性和平等性，在网络世界里没有权威，这需要学生管理工作更具亲和力和人情味，才能够取得更好的教育效果。在网络中，教育管理者与学生之间是平等的，他们在工作的过程中不是提供"说服"，而是提供影响、选择和引导。在网络时代，教育管理工作可以融入网络的各种形式中，把正确的世界观、人生观、价值观渗透其中，以增强感染力和影响力。网络作为新的通信手段，信息传递迅速高效，提高了教育管理工作的效率。

第四，网络的发展为加强和改进高校学生管理工作提供了新的渠道和手段，使管理手段更加多样化，工作方式更具灵活性。在学生管理工作中，传统的思想教育载体是报告会、演讲、墙报、专刊、社会实践及各种寓教于乐的校园文化活动。在网络时代，随着大学生上网率的提升，教育管理的方式和手段更加多样化，如网上讲座、博客、论坛、微博、电子邮箱、网上交谈、红色网站、在线服务等，这些都为高校学生管理工作注入了新的活力，受到了大学生的广泛欢迎。因此，充分利用好网络，可以使高校学生管理工作做得更加有声有色。网络还具有资源共享的特点，这为高校教育管理工作者占领网络思想教育阵地提供了极大的便利。网络是一种极具感染力的传播媒介，它将文本、声音、图画等信息集于一体，能够激发学生的求知欲和想象力，也符合大学生要求自主发展的心理，有利于调动他们的自觉性和主动性。高校学生管理工作可利用网络具有的信息高集成性、互动性和可选择性等特点，促进学生自主接受教育，这就改变了以往教育管理者需要当面"说服教育"的情形。同时，网络信息的可复制性、共享性、实时性使全体学生同时接受教育成为可能，这也是传统教育方法无法达到的。

第五，网络还能最大限度地实现高校教育管理工作的社会化。当代大学生成长的环境、学习和生活的方式、接收信息的形式、思维方式等都在发生重大的变化。高校教育管理工作要根据这些新的变化因地制宜、因时制宜，加强高校学生管理在方法、手段等方面的改革与创新；要充分利用网络，开展丰富生动的形势与政策宣传教育，活跃学生课外生活和校园文化活动，弘扬主旋律。学生工作要想做到实处并取得良好效果，离不开社会、学校、家庭的共同努力，而网络的"超时空性"恰好为三者的结合提供了方便，使家庭教育、学校教育、社会教育紧密联系、融为一体成为现实。

第四节　互联网时代高校教育管理的新挑战

一、网络对大学生成才的负面影响

同任何事物一样，互联网也是一把"双刃剑"，它对大学生的影响既有积极的一面，又有消极的一面。随着越来越多的大学生接触并深入网络空间，网络的负面影响日趋凸显，主要集中在以下几个方面。

（一）互联网对大学生的世界观、人生观和价值观的形成具有潜在威胁

网络是一个没有国界的世界，全球各种不同的文化形态、思想观念在这里汇集交织，网络使用者轻易就可以感受到东西方文化的巨大差异，因此很容易陷

入一种迷惘的境地。大学生的人生观、价值观还不成熟，缺乏"免疫力"，长期"浸泡"在网上，耳濡目染，很容易受到外来文化及意识形态的渗透，受到腐蚀，盲目信从。同时，西方一些不健康的生活方式对喜欢新奇事物的大学生来说，具有极大的诱惑力和欺骗性，容易使他们艳羡、认同并模仿，引发对现实的不满，进而丧失进取、奋斗的内在精神和意志。西方文化通过网络传播，其价值观念正影响着当今大学生的价值判断和理想信念。对于崇尚新知识、新文化、新观念的大学生来说，无疑将面对网络文化的严峻考验，少数控制力不强的大学生很有可能因错误的价值观而埋下犯罪的种子。

在互联网这张无边无际的"网"上，内容虽丰富却庞杂，良莠不齐，西方国家的宣传论调、文化思想等会与大学生头脑中沉淀的中华传统文化观念和我国主流意识形态形成冲突，使他们的价值观产生倾斜，甚至盲从西方。长此以往，对国家的政治安定会产生一定的影响。

（二）网络对大学生身心健康有消极影响

众所周知，连续上网会造成情绪低落、眼花、双手颤抖、疲乏无力、食欲不振、焦躁不安、血压升高、自主神经功能紊乱、睡眠障碍，甚至消极自杀等现象。不良的上网环境也会损害大学生的身体健康，甚至会造成人身伤亡事件。更令人忧虑的是，网络还严重影响大学生的心理健康。最典型的便是上网成瘾，它与吸烟、酗酒甚至吸毒等上瘾行为有惊人的相似之处：一上网就兴奋异常，上不了网就"网瘾难耐"。其典型症状是：整天沉溺于网络，甚至不吃不喝不睡，通宵达旦，导致体能下降、生物钟紊乱、注意力难以集中、情绪低落、思维模糊、头昏眼花等不良生理和心理反应，严重者甚至出现体能衰竭或精神异常。上网成瘾的人一天中的大部分时间在网上度过，对自己不再有任何控制能力，表现出逃避现实的心理迹象，和家人的关系也会出现问题。迷恋网络还会引发网络孤独症、人际信任危机和各种交际冲突。网络成瘾与网络孤独症非常类似，只是前者更多表现出生理和认知方面的障碍，后者侧重于人际交往方面的障碍。网络成瘾必然伴有不同程度的人际关系障碍，网络孤独症则不一定表现出明显的生理障碍。网络孤独症多发生在性格内向者身上，其典型症状是：沉溺于网络，脱离现实，寡言少语，情绪抑郁，社交面狭窄，人际关系冷淡。

在网络人际交往中普遍存在的信任危机也有可能影响大学生现实人际交往的态度，甚至出现人际交往障碍。聊天室等虚拟社区以匿名或化名方式进行的网络交往无法确保人们言论的真实性，这种网络人际交往的虚幻特点使很多学生抱着游戏的心态参与网络交际，久而久之，他们对他人的言行毫无信任感可言。这种网上的人际信任危机可能迁移到现实人际交往中，导致学生在现实人际交往中对他人缺乏信任，进而影响与他人建立和发展良好的人际关系。

网络人际交往给人以虚假的安全感，学生以为待在门户紧闭的自家卧室里，坐在心爱的计算机前是最安全不过的了。这里既不可能被人发现，又不可能被人偷窥，更不可能受到侵犯。这种自以为是的安全感使他们放弃了基本的戒备心，给网络犯罪以可乘之机。

（三）网络对大学生的社会适应能力有消极影响

网络是一个虚拟的世界，网上交际主要依靠抽象的数字、符号，大学生终日沉迷的这种人机对话的模式会对其社会适应能力产生消极影响，更有甚者，有些大学生还可能患上"社交障碍症"。在网络环境下，大学生交往的对象、身份都不确定，这就减弱了大学生社会角色的获得能力。网络交往的虚拟性和自由性很容易使参与者行为失范。大学生在互联网上得到情感认同和满足后，开始在心理上对网络有强烈的归属感和依赖感，这不利于大学生的社会化，甚至会影响大学生社会适应能力的发展。

大学生沉溺于网络还会造成语言扭曲和沟通能力退化。网络的基础语言是英语，许多汉语词汇受网络特殊词汇的影响，同音字或谐音字被滥用、中英文掺杂、数字随意代替中文。语言作为思维和交际的载体，能够反映一定的文化和心态，它的扭曲和异化不能不引起重视，它的不科学的形变势必影响人们的表达模式。

二、网络时代高校学生管理工作的新挑战

一是网络文化导致大学生价值观冲突更加直接和剧烈，价值取向更加多元

化，价值选择更加困难。当代大学生判断是非标准的自主性、独立性增强了，但是其人生观、价值观尚未成熟，容易受到思想冲击。东西方价值观在学生头脑中的碰撞、冲突比以往更加直接、更加激烈，如不正确引导，学生可能会出现思想上的混乱，影响他们形成正确的世界观、人生观和价值观。

二是网络传播的"信息垃圾"会误导大学生的思想和行为。网络是一个功能齐全的自由"社会"，它吸引了不同生活背景、不同行业、不同年龄的人。网络这座信息的宝库同时也是一个信息的"垃圾场"，各种不健康的信息混杂其中，自制力较弱的大学生会出于好奇去接触这些垃圾信息，这些不健康的信息在一定程度上弱化了他们的道德意识和法律意识。

三是网络传播的"虚拟化"对大学生的交往方式和人际关系产生了深刻影响。当大学生在网络上获得的快乐比现实多时，就会把更多的时间投入网络交往之中，而当他们在现实生活中遇到挫折时，也会更加倾向于在网络中寻求慰藉。长此以往，就会使大学生只愿意在网络上寻求虚拟但完美的人生，而消极地对待甚至逃避有缺陷的现实世界，这必然会影响和改变大学生的交往方式，使他们变得冷漠，产生孤独、苦闷、焦虑、压抑等情绪，甚至产生心理疾病。

四是大学生自主、平等意识的增强使传统的社会调控系统发挥的作用有所下降。虚拟条件下网民的交往角色是虚拟的，不存在上下级关系，交往变得扁平化。网上交往的虚拟性使人与人的交往更加自由，但也削弱了主导价值观、社会公知以及教育者的权威。

五是单向的灌输式教育的管理方式受到挑战。在传统的教育管理中，教育者起主导作用，他们将含有社会要求的政治观点、思想体系、道德规范的相关信息有目的、有计划地灌输给教育对象，而受教育者在内外各种因素的综合作用下，有选择地接收这些信息，进而"内化"为自身的个人意识，之后再"外化"为实际行动。在这一过程中，教育者传递信息的手段主要以上课宣讲、座谈讨论、个别谈心、开展主题活动等为主，并以报纸、广播、电视、电影等大众传媒作为辅助工具。教育者所灌输的信息是经过筛选和加工的，有利于受教育者接受正面的思想。然而，随着网络信息对思想领域的入侵，单向的教育模式越来越不能满足大学生的心理需求，其有效性不可避免地受到削弱。大学生在深入网络生活并渐渐习惯网络这种双向甚至多向的沟通方式后，必定要求教育工作（包括专业教育和教育管理）从内容到形式都采取更为民主、更为自由、更为生动的方式进行。这将改变教育者与受教育者的关系和位置，信息传播的内容和途径也不为教育者所掌控。对此，传统的教育管理显然还没有做好充分的准备。

六是高校学生管理者的综合素质面临挑战。面对网络的冲击，部分学生管理者缺乏应有的思想准备和科学文化素质。据统计，教师中经常上网的主要是35岁以下的年轻教师，而有些年龄稍大的教师对网络不感兴趣。学生管理者不具备较高的网络知识水平，就有可能丧失大学生所认为的人格魅力及亲和力。而对高校学生管理者来说，人格魅力和亲和力极大地影响教育的效果。

第四章

高校教学管理的质量发展

第一节　高校教学质量管理概述

　　"教学质量"是 2013 年公布的教育学名词。从根本上来说，各级各类学校一般都拥有其自身的一套教学质量管理机制，以确保其教学工作的顺利开展。在这里，本书所谈及的与教学质量管理相关的背景因素，即进行教学质量管理所处的环境相关的因素。

　　纵观世界各国的学校教学事业的发展，我们可以发现，大多数国家的学校教育普遍得到了长足的发展。在当代社会中，学校教育的发展愈加国际化、世界化，学生以及教职工的流动性变得更大了，这也就给资格证书的一致性和课程的国际化提出更高的要求。

　　在当前阶段下，世界上一些国家的政府为了削减用于学校教育方面的财政拨款，调整了相关的拨款方式，促使其国内各级各类学校不得不想方设法地去拓展学校发展资金的来源与方式。从本质上来说，这种变化常常随着政府控制学校教育的机制的变化而变化，其意味着更多的学校自主权、更激烈的竞争以及更加频繁的效能核定。在大多数国家里，教学质量管理及其评价的引入，被看作这些变化中的重要部分。

　　就学校自身而言，世界各国都有自己独特的学校教育体系。由于学校之间存在着层次之分，教学质量自然而然会引起人们的重视。特别是当前信息高度发达，教学资源共享程度日益加强，学校之间的竞争也日趋明显，争取生源的现象日趋普遍。因此，各级各类学校普遍把教学质量摆在了工作首位。

一、质量管理的发展概况

（一）早期的质量管理

在人类社会中，质量管理的起源非常早。在人类历史上出现手工业生产时，就已经有了相应的关于质量管理的实践活动。据《周礼》记载，战国时期就有命百工审查五库（当时国库分为车库、兵库、祭库、乐库、宴器库）器材质量的情况。由此我们可以看出，我国在古代时就十分重视产品的质量了。质量管理的实践活动虽然产生得很早，可是在人类社会生产过程中能够有意识地实施现代质量管理活动的三个基本环节（设计、生产、检验），则仅仅有几十年的短暂历史。

（二）现代质量管理的发展

1. 国外质量管理的发展

1924 年，美国贝尔电话公司的贝尔实验室首次把质量管理当作一门专门的科学来进行研究。贝尔实验室的实验室人员 —— 休哈特发明了质量控制图，这标志着人类社会中质量管理的正式开始。

20 世纪初期，为了适应工业自动化、机械化、标准化的实际需要，人们在质量管理实践中逐渐引进了工业工程学、系统工程、现代概率论、价值工程、运筹学以及电子计算机技术等最新的研究成果。1961 年，费根堡姆出版了《全面质量控制》一书。后来，各行各业中的质量管理活动不断得到改进，其效益也更为显著，这不但提高了产品的质量、扩大了经济效益，同时还提高了劳动生产率，减少了必要的劳动时间，提高了服务的质量。

从质量管理的发展过程来说，其大致先后经历了质量检验、质量统计、全面质量管理这三个阶段，并且在世界上形成了以美国为发源地的欧美体系、以日本为中心的体系、以苏联为中心的苏联东欧体系等三大体系。在这三大体系中，以日本为中心的体系最为先进。

在大多数发达国家，质量管理已然扩大到了相当广泛的社会生产领域中。

在日本，质量管理被称为"全面合理化运动"。20世纪50年代，日本经济尚处于十分困难的时期，可在短短几十年时间内，日本就一跃成为世界上一流的经济强国。其中一个非常重要的原因，就是日本从20世纪50年代开始，注重纠正原有的"重技术、轻管理"偏向，并创造了一种以产品质量和服务质量为中心的、管理工作现代化的具体方法。例如，日本在交通运输领域进行质量管理，从而有效地保证了东京上千万辆交通工具的行驶秩序，真正做到了速度快、时间准、事故少。又如，在环境保护过程中，日本也采用了质量管理方法，严格控制工厂绿化面积占工厂总面积的20%，并且定时定点进行监测，有效地控制了环境污染的现象。

美国著名的质量管理权威裘能说过："没有管理，先进的机器就会变成一堆废铁。"也有人认为，如果想要进行现代化生产，那么就必须三分靠技术、七分靠管理。在学术界，越来越多的管理学家将管理、科学与技术并称为"现代文明的三鼎足"。当然，这种认识观念，都是他们的经验之谈。而伴随着社会的不断进步和经济的发展，我国也有一些人逐渐认识到管理的科学化、现代化，是组织现代化大生产的核心支柱之一，同时也是我国实现国民经济又好又快发展的一个关键所在。

在一些发达国家，质量管理已然形成了一门专业。1956年，世界上成立了质量学会；1978年，中国质量协会成立。各国因实行质量管理所取得的成就引起了许多经济专家和企业管理人员的浓厚兴趣，同时也引起了更多的教育专家和学校管理人员的兴趣。针对教学质量合理开展的科学研究，也是由此时开始的。教学质量管理作为一门新兴的学科，要求教育者应顺应历史发展的浪潮、根据各自国家的实际情况，让摸索出来的较为成熟的管理经验、管理制度逐渐科学化、系统化。

2. 我国质量管理的发展

事实上，早在新中国成立以前，质量管理就与学校管理学、教育行政管理学等一起传入我国，有的高校教学管理系还曾经开设过这门课程。但是，在20世纪50年代，由于苏联学术界对管理科学展开的一次论战，将起源于美国的质量管理学当作伪科学进行了严厉批判，从而致使这门学科成为无人问津的禁区。

在党的十一届三中全会召开以后，我国的工作重心转移到经济建设方面，质量管理在我国开始受到了高度重视。在我国，质量管理首先应用于工业领域，然后逐渐推广到社会生产的各行各业中。在这一时期，质量管理还作为实行科学管理的中心环节被重点关注。国务院决定，把每年九月作为"质量月"，并采取了很多提高质量的具体措施。这也是我国政府在社会主义现代化建设过程中，高度重视质量管理工作的一个标志。

二、教学质量管理

　　所谓教学质量管理，就是指对形成教学质量的全过程以及各个环节进行管理，同时将有关人员组织起来，另外还要将影响教学质量的多种因素进行调控，从而保证在形成教学质量的过程中减少差错，并且逐渐提高教师教和学生学的质量。由此我们可以看出，进行有效的教学质量管理是提高教学质量的一个重要途径。

　　在当代社会中，越来越多的人开始认识到，教学质量不是通过较高的考试分数出来的，而是教师教出来的、学生学出来的。从这个角度来看，对于整个教学过程的管理就显得尤为重要。教学过程以及青少年身心健康发展的客观规律表明：如果平常对教学工作不够重视，不注意对教学质量形成过程的科学管理，而是不计后果地进行假期补课、加班加点，那么不但会极大地加重师生的负担，还会对师生的身心健康造成不良影响，也无益于教学质量的真正提高。

　　客观来说，教学质量的形成与产品质量的形成有着本质上的区别，考试也不能等同于产品的事后检验。然而，工作质量决定产品质量的基本原理，对生产和教学则是通用的。从这个角度来看，教学质量管理的重点应当放在平时的形成教学质量的全过程以及各个环节之上，而不是放在考试之上。

三、教学质量管理的内容与分类

（一）教学质量管理的内容

　　教学质量管理是一个复杂的系统。具体来说，要做好教学质量管理工作，必须做好以下几个方面的工作。

第一，要对学校各个职能部门、各个教研组、各个班级的教学质量管理实施状况进行定期或不定期检查，以便对影响教学质量的各种因素进行有效的调控。

第二，在教学质量管理的具体实践操作中，必须做到及时发现、总结、交流、推广先进经验，同时表彰先进模范，督促后进。

第三，对于形成教学质量的情况，需要做到心中有数，依靠数据说话，而不能仅仅停留在用个别的案例来说明问题的水平上。

第四，在每学期开学前，教学质量管理人员要在总结上学期经验的基础之上，提出下一学期各科教学质量的具体要求，并制订相应的实施计划。

第五，在每个学期末，每个教师都应当根据学校的要求进行教学质量分析；分管教学工作的相关单位及各教学单位每学期至少对一门课程的教学质量做典型案例分析，还要在总结经验的基础之上，研究相关的改进措施。

第六，进行相关教育宣传，积极做好思想工作，发挥全校教职工的智慧，增强他们的教学质量意识，做到每位教师关注教学质量管理，并且能够积极主动、认真负责。

第七，建立健全教学质量管理体系，由各校分管教学工作的校长（副校长）负责，将形成教学质量的人员集中组织到教学质量管理体系当中，从而各尽所能，各司其事，让信息渠道保持畅通。

第八，在教学质量管理的过程中，可能会产生一些矛盾，相关领导及部门必须负责协调各方面之间的关系，处理好工作当中的各种矛盾。

（二）教学质量管理的分类

根据教学质量管理业务范围的不同，我们可以将其分为预防性质量管理、鉴定性质量管理和实验性质量管理三种类型。其具体内涵如下所述。

1. 预防性质量管理

这里所说的预防性质量管理，就是指各级各类学校的教务管理部门、院系教学负责人、教研组长等通过定期或不定期的抽样调查，了解教师的备课、上课、批改作业等的质量，了解学生预习、听课、复习、作业等方面的质量。不仅如此，他们也要从中总结经验，及时进行推广，研究解决所出现的问题。这样的预防性管理，能够防患于未然，也可避免教师与学生在各类考试之前再去"亡羊补牢"。

通过预防性质量管理工作，如果在教学过程中发现某些不合理的地方，也能够及时得以研究解决。这样可以有效防止或减少教学中的倾向性问题的发生。由此可见，预防性质量管理是提高教学质量的一种可靠途径。

2. 鉴定性质量管理

所谓鉴定性质量管理，是指对到了一定阶段的教学活动进行的质量检查和质量分析，因此其又被称为阶段性质量管理。如新生入学时，有的学校会进行摸底测验或者编班测验，从而及时地了解学生在上一个学段学习完成的情况，并且进行一定的查漏补缺。这就可以属于阶段性质量管理。另外，每个学年对学生德、智、体、美、劳的全面发展情况进行相关分析评定，也可以属于这一种管理；而对毕业班学生德、智、体、美、劳全面发展的情况进行质量检查和质量分析，总结经验教训，也是此种管理。

鉴定性质量管理不仅仅是提供一个对于教学质量的鉴定结果，其更主要的作用在于要求管理者和教师要做到信息全面、注重过程，尽量避免千人一面的虚假鉴定。

3. 实验性质量管理

在教学质量管理过程中，有一部分工作还需要经过科学研究和科学实验验证，即实验性质量管理。如果最终证明是切实可行、行之有效的，才可以逐渐推广开来。这样能够提高教育工作者的自觉性，减少盲目性，使其遵循客观规律办事。

在现代社会中，学校是一个倡导开拓创新的阵地，不同的学科、不同的专业有许多课程都可以尝试新的教学方法。目前许多学校都提倡教师广泛开展实验性教育教学改革。在这种学校教学发展趋势下，各级各类学校的教务管理部门及各院系、教研室都应鼓励、指导教师开展实验性教育教学改革工作。

四、高校教学质量的特点

对于一所高校而言，要想有效地实施教学质量控制与管理，就必须首先认识到教学质量的性质与特点。从根本上来说，教学质量就是一所学校所培养出的人才质量。而人才作为学校的"产品"，与物化部门的产品质量相比是有本质区别的。以下就是高校教学质量所体现出来的特点。

（一）内隐性

一般来说，工业生产的质量可以通过其产品的质量来进行检测。例如，对于生产出来的玻璃砖，可以通过技术手段检测其承压力、透明度、光滑度、耐磨度等，以检测结果来反映玻璃砖的质量。但是，对于培养人才的教学活动的质量，就难以做出这样明确的、直观的判断，也难以用某种具体的技术手段测量出结果，尤其是人的政治思想、道德品质、心理素质等方面更是难以量化。由此可见，教学质量具有内隐性的特点。

（二）综合性

教学质量的综合性是针对教学质量的影响因素来说的。学生是社会中的人，其始终是在开放的社会环境下成长的，因而影响学生质量形成的因素十分广泛复杂，其不是学校单方面就可以控制的。具体来说，学生身心发展质量的形成是遗传、环境、教育以及学生自身主观努力等多种因素交互作用、耦合而成的结果。从这个角度来看，教学质量具有综合性的特点。

（三）不可贮存性

物质产品的质量可以通过一些技术手段的处理，如控制空气、温度、湿度等外在条件，而相对能够存贮和保持更久的时间。但是，人的质量却不能这样贮存。

客观来说，影响人的存在的因素具有开放性、广泛性和变化性的特点，因此，人的身体、思想、观念、心理、知识、技能、智力、品德等都处在一个不断发展变化的过程中。当人所处的环境发生变化时，人自身也会随之而变。因此，人经过一段时间教育培养和环境影响所形成的人的质量与物质产品的质量是有着本质区别的，它不具有贮存性，不可能一成不变地被封闭或贮存起来。

综上所述，我们可以看出，教学质量具有不可贮存的特征。具体而言，学生已经形成的品质不可能被贮存起来，不再发生变化。

（四）灵活性

教学质量的灵活性是针对教学质量的形成过程而言的。教学质量的形成是没有固定单一的模式可以遵循的。教育者必须针对不同学生的年龄特征和个性特点，机动灵活、有的放矢地因材施教。正因为如此，整个教育教学过程就充满了创造性和灵活性。

教学方法是多种多样的，但并不存在一种适合任何教学情境和教学内容的教学方法。从这个角度来看，如果教师能够恰当灵活地选取适当的教学方法，就更容易取得良好的教学效果。

综上所述，我们可以看出，教学质量的形成并非只有固定、单一的途径。从复杂性理论的视角来看，教育是人类社会特有的更新再生系统，是一个由有序性和无序性、线性和非线性、理性和非理性相互交织而构成的复杂的巨系统。在教学质量的形成过程中，同一种方法可能会引起不同的结果，不同的方法也可能会导致同一个结果。

五、高校教学质量管理模式

一般来说，按照不同的质量目标、质量标准、质量方针以及其实施策略等，可以将高校教学质量管理模式分为不同的类型。当前，各级各类学校教学质量管理模式主要有教学目标管理模式、全面教学质量管理模式、走动式教学质量管理模式等。在实际的教学管理过程中，学校管理者应当从本校发展的实际情况、本校教学所遇到的实际问题、本校发展战略等出发，选择适合本校实际情况的教学质量管理模式。

（一）教学目标管理模式

20 世纪 60 年代，目标管理的概念开始被引入学校教育领域。所谓教学目标管理模式，就是指以学校教学所预期的最终成果为标准，并以目标责任制的方法对学校的教学工作的质量进行科学的考核和有效的监督，从而激发学校管理者和广大教职工的工作积极性，最终提高教学质量的管理模式。教学目标管理模式的核心是设定教学目标。对于一所学校来说，教学目标管理工作主要包括以下九项：论证决策、目标分解、定责授权、咨询指导、检查控制、调节平衡、考评结果、实施奖惩、总结经验。

1. 教学目标管理模式的基本特征

从本质上来看，教学目标管理模式具有以下三个基本特征。

（1）重视教学质量管理过程中人的因素。教学目标管理模式是一种民主的、参与的、自我控制的管理模式，同时也是一种把个人需求与组织目标结合起来的管理模式。在这种教学目标管理模式之下，上级与下级的关系往往是平等、尊重、依赖、支持的；下级在承诺目标和被授权之后是自觉、自主和自治的。

（2）重视建立目标体系和责任制。在教学目标管理模式下，管理者一般是通过一定的设计将学校发展的整体目标逐级分解，从而转换为各班级、学科、各个教师的子目标。在对教学目标进行分解的过程中，管理者必须明确教学过程的权、责、利，同时各个子目标必须保持方向的一致性，做到相互配合，形成协调统一的目标体系。

（3）重视教学成效。教学目标管理模式必须始终围绕目标来进行各项教学工作的管理。它以制定目标为起点，并以教学目标的完成情况为评价的终结，同时按照每个教职员工所完成任务的程度、情况等而进行考核与奖惩。在这个过程中，管理工作必须始终围绕教学成效这一重要内容。

2. 教学目标管理模式的实施策略

（1）建立目标体系。所谓教学目标管理模式，就是指学校所有的部门及所有成员致力于实现总体目标，并在实现总体目标的过程中实现各个部门的具体目标和个人目标的范式。因此，实施教学目标管理模式的首要任务就是建立一个完善的目标体系。

从整体上来看，学校的教育目标从高到低分别可以被分为以下四个层次。

第一个层次是国家的培养目标，即培养全面发展的、符合社会发展需要的人才。

第二个层次是学校的培养目标。

第三个层次是各个专业、各学年、各学期的培养目标。

第四个层次是单元、课题、课时的教学目标。

总而言之，学校管理者必须真正明确上述这样一个目标层次，才能与教师一起积极投入目标体系的建构之中。在建立目标体系的过程中，管理者还应当与教师一同制定相应的工作规范和工作质量评价方法，以使教学工作得以规范化、制度化、标准化。

（2）实施人本管理。在现代社会中，教学目标管理应该遵循人本管理理念。具体来说，教学目标管理必须重视教学过程中人的因素，在设定了科学、客观的教学目标之后，还应当重点实施过程中的人本管理，即充分调动教师依照目标进行自我管理的主动性、积极性。

除此以外，在实施目标量化评估的过程之中，学校管理者须做好教师的思想工作，注重教师的内在需求，激发其工作的主动性、积极性。

（3）完善管理机制。目标管理的一个基本原则，就是以所设定的目标为基本参照，适时监督和反馈教学任务的完成情况，以实施动态的教学管理。从这个角度来看，学校管理者应当努力建立健全高效、公正的管理机制，对教师完成任务的进度和质量进行公平、公正的考核，随时考察目标管理活动的运行状态是否与确立的目标体系相符。

（4）实施发展性评价。顾名思义，发展性评价就是一种旨在促进被评价者不断发展的评价方式。在实施教学目标管理的过程中，虽然注重行动的结果十分重要，但一定不能因此而忽视行动的过程。这就需要管理者积极运用发展性评价。具体来说，要在教学目标管理工作中实施发展性评价，管理者须做到以下几点。

第一，对于教与学的考核评价不但要看学生学习的整体情况，同时更要具体分析学生取得的进步以及取得进步的原因，并针对每个学生实行增值性评价。

第二，针对不同水平、不同特点、不同专业的教师采用完全不同的评价标准，以便于形成不同水平层次的教师自信、自律、自强的良性循环。

第三，动态跟踪教学过程，并充分运用所收集到的数据资料来对教学过程进行灵活调控。

（二）全面教学质量管理模式

20世纪50年代末，全面质量控制之父费根堡姆和质量管理专家朱兰提出了"全面质量管理"的概念。全面质量管理的基本含义是全体人员参加质量管理，实行生产全过程的质量管理，对产品的各个方面进行质量管理，因此也称为"三全"质量管理。全面质量管理高度重视人力资源的开发和利用，强调在尊重人的前提下，注重战略规划、全员参与、团队精神和协调工作，其目的在于通过顾客满意及本组织所有成员受益而达到长期的成功。到了20世纪60年代，全面质量管理理论成为西方管理学界非常流行的一种管理理论。

在当代社会中，随着社会的不断进步与发展，全面质量管理理论已经被应用到了教育领域。于是，全面教学质量管理模式出现了。

1. 全面教学质量管理模式的特点

全面教学质量管理模式的特点集中体现为教学质量管理和控制的全面性，这主要体现在以下三个方面。

（1）重视全员管理。全面教学质量管理涉及教学系统内的每一个成员，是全员性管理。全面教学质量管理模式非常重视全员管理。人的主观能动性及潜能的发挥，是质量制胜的关键。

对于学校管理者来说，其必须充分挖掘每一名教师和学生的潜在力量，使教师的主导作用和学生的主体作用得到充分发挥。同时，管理者还应当为每一名教师制定出明确的质量责任，要求他们对自己所做的工作负责。

（2）重视工作全局管理。客观来说，教学质量管理涉及教学工作的方方面面，是对教学工作全局的管理。因此，全面教学质量管理模式非常重视工作全局管理。具体来说，其要求管理者不仅要妥善安排好以教学为中心的各项学校内部工作，建立教学工作协调机制，避免工作中的冲突和摩擦，减少教学管理中的内耗等，还要综合分析家长状况、社区背景以及地方教育行政管理状况等因素，争取家长、社区和教育行政部门的理解和支持，为提高学校的教学质量提供良好的外部环境保证。

（3）重视教学全程管理。全面教学质量管理涉及教学工作的每一个程序，是对整个教学过程的管理。在全面教学质量管理模式下，教学管理者要充分注意每一个教学环节，只有各个教学环节的质量上去了，学校教学的整体质量才能得到充分的提高。

在教学全程管理中，学校管理者应建立一套完善的激励和监控制度，根据教师的能力与专长、所教学科的特点以及生源质量等方面的因素，有针对性地提高各个教师在教学过程各环节的工作积极性和工作质量，实现教学过程的最优化。

2. 全面教学质量管理实践

在实施全面教学质量管理模式的过程中，学校管理者应当着重抓好影响教学质量的各个因素、各个环节和各个方面。具体而言，管理者要做好以下几个方面的工作。

第一，不断推进教学手段、方法和设施的改进与完善。

第二，做好学生的预习、听课、复习、作业和考试。

第三，做好教师的备课、上课、课外辅导、作业批改、考核评定等工作。

第四，做好教学工作中的计划、组织、实施、检查和总结等工作。

第五，不断强化广大教师的质量责任意识，增强他们为提高教学质量而不断做出努力与探索的主观能动性和创造性，并从管理制度层面使各个部门和各个成员都明确自己的质量责任目标，并各司其职。

（三）走动式教学质量管理模式

1982年，美国管理学者彼得斯与沃特曼出版了《追求卓越》一书，在该书中首次提出了走动式管理的概念。所谓走动式管理，就是指管理者不应当仅仅局限于办公室的空间，而应当深入基层、到处走动，以了解更丰富、更直接的员工工作问题，并及时找出解决所属员工工作困境的策略，最终提高组织的工作绩效。

1. 走动式教学质量管理的含义

根据走动式管理的概念，我们可以引申出走动式教学质量管理的概念，即通过学校管理者直接与一线教师的接触和了解，收集最为直接有效的学校教学信息，以弥补学校正式组织渠道方面的不足。

从整体上来看，学校教学管理系统是一个层级的结构，上情下达与下情上达都要经过一系列复杂的组织环节，而信息每经过一个环节都可能有所衰减。走动式教学质量管理有助于弥补正式组织中信息传递时出现的信息衰减等问题，并且能够帮助学校管理者在第一时间发现学校教学中存在的问题，从而通过及时沟通，尽早发现并解决问题，最终提升教学质量。

2. 走动式教学质量管理的实施要点

在实施走动式教学质量管理模式时，学校管理者必须重点做好指导与协助这两个方面的工作。

（1）指导。在走动式教学质量管理中，学校管理者扮演着指导者这样一个角色。因此，其必须放下自身居高临下的领导者地位，切实去指导教职员工做好各项教学工作。当发现一些教学工作中的问题时，要能够平心静气地帮助教职工人员查原因、找症结，并给予必要的指导，而不是大呼小叫，指责或惩罚出现问题的人。

从根本上来说，走动式教学质量管理就是要通过有意识地指导、引领的方式来进行，而不应以简单粗暴的命令形式来干涉，甚至是剥夺教师的教学自主权的方式来解决问题。

（2）协助。在走动式教学质量管理中，学校管理者除了要给予教师一定的指导，还应当为教师的各项教学工作提供必要的协助。从本质上来说，实施走动式教学质量管理的关键在于通过获得真实信息，与教职员工共同分析和解决问题，提高学校教学管理的效能。因此，当教师遇到问题需要解决时，学校管理者要作为教师的参谋，在充分信任和发挥教师自主权的前提下，协助教师及时、有效地解决问题。

3. 走动式教学质量管理的原则

学校管理者在实施走动式教学质量管理时，必须遵循以下几项基本原则。

（1）直接接触原则。这里所说的直接接触原则，就是指学校管理者在走动式教学质量管理中要保持与教师、学生的直接接触。具体来说，就是学校管理者不能仅以办公室为其活动区域，还要经常到教室、操场、食堂、宿舍等处走动。从某种意义上来说，我们可以把走动式教学质量管理看作一种"看得见的"管理方式。毕竟学校管理者与教师、学生面对面接触、交谈，才能够及时了解一线教学的真实情况。在实施走动式教学质量管理时，学校管理者最好随身携带笔记本之类的工具，以便于及时记录观察到的现象、发现存在的问题等。

（2）不定期原则。学校管理者在进行"走动"时往往需要有一个大致的周期，但并没有完全固定的时间。例如，学校管理者一有时间就可以到处走走，观察课堂教学、体育活动、实验教学等的开展情况。这就是不定期原则。学校管理者只需要在教师常态教学情况下，走进课堂听课，课后与教师一起分析上课的具体情况、收获和存在的不足。

（3）倾听原则。在走动式教学质量管理中，学校管理者与教师、学生之间是一种建立在相互尊重基础上的平等关系。学校管理者是以一个服务者的身份倾听意见、建议，而不是凌驾于师生之上的视察或考核。从这个角度来看，学校管理者实施走动式教学质量管理时必须遵循倾听原则，即在与师生沟通、交流的过程中，学校管理者要体现出热情的关怀和和蔼可亲的态度，要做一个耐心的倾听者，从而及时获得第一手的信息。

六、高校教学质量保障体系的构建

（一）高校教学质量保障体系构建思路

各高校自身区位特点及专业优势、学校定位及人才培养具体目标各有不同，实现人才培养目标的路径也各异。为了保证教学环节完整、教学活动有效落实、实现人才培养目标，高质量的教学质量保障体系必不可少。

教学质量保障体系一般由目标、标准、因素、监控和改进五个部分组成，高校的各项管理制度和教学运转机制源于学校的办学定位和长久以来的建设经验，在国家强调高等教育高质量发展，人才培养的目标是满足社会主义现代化建设需要的背景下，外部质量保障体系逐渐健全与完善，学校在进行建设和各项制度设计时，参考的标准越来越多，而且外部保障体系的目标和要求往往是刚性的，所以学校应以外部质量保障的目标和标准作为建设的引领，与内部质量保障目标相融合，落实内部质量保障体系建设，保证学校工作机制的有效运行和对目标的达成。

为维护应用型高校内部教学质量保障体系的有效性，构建"双系统"协同的教学质量保障体系，应遵循以下原则：第一，整体性构建，将外部质量保障目标和标准融于学校的具体定位和办学条件，将外部与内部目标协同，教学核心系统和教学服务外围系统协同，包括多维目标、多个主体的协同；第二，以"招生—人才培养—就业"闭环来衡量教学质量保障体系的过程、结果的有效性；第三，放大教学质量保障格局，为教育做整体保障而非仅仅为教学保障。

学校的行政中心为外部质量保障目标与标准的接收口，首先依据国家教育政策、经济政策营造质量保障氛围，而后协同质保、总务、教务、学务、科研、招生就业、党务部门负责人，统一分解目标，继而结合各个部门的工作范围和执掌、分类分层执行。

在外部质量保障目标和标准的引领下，质量保障部门、教务部门依据学校办学定位和人才培养目标，协同制定各项教学活动和教学载体（因素）的一般和通行标准（以制度、要求、方案、标准等形式体现）。教学活动包括课堂教学、校内实验、校外实习实训、毕业论文写作等，教学载体主要有教材、实验室、教学资料和实习基地等。总务部门负责教学条件建设、满足各项教学要求，学务部门负责制定学生管理规范、素质拓展、第二课堂；党务部门负责强化意识形态建设；招生就业部门拟定招生标准和跟踪调查毕业生就业质量；新闻中心负责对外宣传；科研部门制定科研标准与规划、提高科研水平。各个教学单位（学院、系）的管理办公室、教学管理人员结合专业特点和学院教学管理特点制定具体的教学质量管理规范，保障各个环节的教学质量。各实施主体及学校的教学质量保障部门对各项教学活动的运行进行监控，就业部门对毕业生就业结果进行评价，及时反馈，持续改进。

（二）高校教学质量保障体系建设重点

1. 教学与教学服务系统协同的举措

（1）建立学校行政中心在质量保障体系中的领导地位。

学校行政中心是将外部质量保障目标与内部质量保障目标统合的中心，是学校教学服务外围系统和教学核心系统的中心，所以，学校行政中心的领导地位要建立起来。其主要职能定位：第一，营造质量保障环境，强化质量至上文化，将质量保障思想与学校教育文化建设、教风建设、学风建设相融合，同口径输出。第二，作为教学服务部门之间、教学单位之间、服务部门和教学单位之间协调的纽带。第三，直接领导质量保障部门，接受质量保障部门的质量报告并提出综合改进意见。

（2）形成质量保障会议制度，保障两个系统质量保障信息对称。

制定质量保障会议制度，定期、不定期召开两个系统各部门负责人的质量保障协调会，保证信息对称，权责明晰，及时发现问题，及时沟通解决，保证两个系统的目标协同、教学质量保障活动协同。

（3）将质量保障部门作为日常质量保障运行监控枢纽和质保数据的汇总部门。

质量保障部门受行政中心直接领导，相对独立于其他部门，负责教学质量保障体系的构建以及负责教学质量保障体系的日常运行和监控，同时从各个教学部门和教学活动的各个环节、各个时点收集教学质量监控数据，并对阶段性数据、分部数据开展及时分析。在数据收集过程中，注意一手数据和二手数据的分类管理，需与其他部门首次收集的数据协同，统一数据收集口径，节约时间和节省成本，如毕业生就业数据和社会评价数据，由招生就业部门先行收集，而后汇总于质量保障部门，招生就业部门需要与质量保证部门预先沟通，设计毕业生就业信息收集的口径。

（4）从制度、质保活动、人员设置三个角度使质量保障体系融入各个部门。

为保证教学质量保障体系随时随处发挥作用，从制度、质保活动和人员设置三个角度分层设置，全面布局：设置"学校—职能部门/教学单位（学院）"

质量保障制度，确保各项质量保障活动有制度可依、有规范可循；各部门根据质量保障制度和质量保障目标开展各项质量保障活动，保障各项教育教学工作有力开展；设置"学校—职能部门/教学单位（学院）—教研室—学生"四级质保专员制度，保障质量保障体系在各个层级和各个环节有效发挥作用。

2. 两个系统 PDCA 闭环的实施

（1）教学服务系统的执行过程。

质量保障体系的运行建立在高校正常运转的基础上，建立在各个职能部门的具体业务实施中，故而两个系统质量保障体系的运行可以借鉴 PDCA（Plan Do Check Act）模式，以"计划—执行—检查—改进"这一闭环来实施。在教学服务外围系统中，以学校的行政中心为核心，在协同目标和标准后，落实到具体的业务上，表现为统领各个部门制订工作计划为起点，从而进入周而复始的循环，所以教学服务系统的 PDCA 可以构建如下。

每个教学服务部门根据工作执掌，做好阶段性工作计划，经学校行政中心讨论研判，协同制订计划，而后进入执行环节，依据计划对照执行，学校的质量保障部门和校长办公会等对计划执行情况、执行过程和资料进行监控与检查，提出改进措施，反馈于各个部门以及时改进。在这个过程中，强调由学校行政中心集中管理，各个部门具体执行，学校行政中心和质量保障部门开展内部评价与监控。

（2）教学系统的执行过程。

学校办学定位的实现最终要落实到人才培养质量上，而人才培养目标的达成需要两个系统的协同，并最终落实于教学活动的实施。教学活动的实施至少包括以下要素：教学管理、教学主体、教学客体、教学载体、教学手段等，有显性要素和隐性要素，有程序性要素，有价值性要素，在具体实施中，各个要素也可以表现为 PDCA 过程。每个教学要素的执行主体各司其职，在各自的工作范围内依据工作目标制订相应计划，计划通常以专项方案、专项计划等文字形式存在，各主体遵照执行；各要素有特定的执行标准。教学管理部门参与所有环节标准的制定和检查，督促其改进。教务部门和学院、学校的质量保障部门参与所有环节的检查。

第二节　高校教学质量管理过程

从大体上来看，高校教学质量管理过程可以分为两个阶段，第一阶段是决策与计划，第二阶段是组织与实施。

一、决策与计划

具体来说，在决策与计划阶段，依次要做好以下几个环节的工作。

（一）决策

1. 发现问题

一般来说，在质量管理工作中，决策工作往往是从发现问题开始的。问题能否被发现，不仅仅是业务水平的问题，而且是政治思想水平的问题。从根本上来说，教学质量管理中的问题是能否贯彻执行国家的教育政策方针的问题，是能否为社会主义建设培养合格接班人的问题。

在当前阶段下，我国各级各类学校的教学工作和管理工作中还存在各种各样的问题，而且管理者往往不能及时地发现、解决这些问题。之所以存在这种情况，一个十分重要的原因就是学校领导缺乏应具备的业务水平和政治思想水平。即便他们发现了问题，也常常是束手无策。因此，为了促进学校教学质量管理的发展，领导层一定要拥有善于发现问题的能力。

总而言之，学校管理者都必须明白，现在的学生终将会成为建设社会主义的生力军；要明确我国综合国力、经济发展能力的提升，是取决于劳动者本身的素质；必须改革那些不适应时代发展和需要的教育思想、教育体制、教学方法和管理思想、管理体制、管理方法等。只有这样，才能真正满足为社会主义现代化建设培养人才的需要。

2. 确定目标

在当前阶段下，我国各级各类学校有着明确的教育目标，即培养有社会主义觉悟的、有文化的、身体健康的劳动者，有理想、有道德、有文化、有纪律的一代新人。为了最终实现这一教育目标，学校管理者必须按照国家的相关规定，制定每个学年、学期提高教学质量的具体目标。

由此我们可以看出，在教学质量管理过程中，从校长、教务主任到教职工，每个人都应当制定个人目标，以切实保证教学质量的提高。

3. 确定准则

从整体上来说，各级各类学校教学质量管理的准则应当包括学术价值、社会价值和经济价值。其具体内涵如下所述。

所谓教学质量管理的学术价值，就是指实现学校教学目标的具体措施、方法、途径等是否符合教学客观规律和教学基本原则，是否达到了同类型学校中的先进水平，是否符合现代科学管理观念等。

所谓教学质量管理的社会价值，就是指选择某个学校发展方案之后所产生的社会影响、社会效益等是否有利于培养社会所需要的人才。

所谓教学质量管理的经济价值，就是指是否符合勤俭办学的基本原则，能否充分利用本校的器材设备；另外，在人力资源安排、物力的使用上，能否做到人尽其才、物尽其用。

4. 拟订多种方案

拟订多种方案，就是指各个方案之间需要有一定的区别，当然也不只是有细节上的差异。在制定方案之时，创造性的见解往往是十分重要的。水平高、能力强的管理工作者应该在这方面得到充分的体现，从而促进决策的多种选择性。

对于各级各类学校而言，其内部的学科、专业之间具有显著的差异，不同学科、专业的教学方式也表现出显著的区别。因此，在实施教学质量管理之时，各级各类学校必须根据本校的实际情况，采取不同的教学质量管理方案。

5. 分析评估

具体来说，分析评估工作就是对之前制定出的各项方案的利弊得失进行全面的分析与比较，从而有利于优化决策，选择出最合适的方案。我们可以请校内外的专家教授组建专家组，对不同的方案进行评价，择优使用。

6. 方案选优

方案选优并不意味着只取其中的一种方案，也可以在综合几个方案的优点之后，在原有方案的基础上做出一个切实可行的更加优秀的方案。一般来说，选择多种优秀方案并对其进行综合，比只选择一种方案的效果更好。

7. 试点

在选定某一方案之后，为了证明方案的可行性，可以对局部进行试点试验。既然被称为试点，那么这个"点"就需要在全校具有较强的典型性，绝不能允许试点存在过多的特殊条件。

需要指出的是，在进行试点工作时，选择的"点"不能过于优秀，以证明领导者的决策英明。这样的做法本身就是错误的，不论最后试点的结果是成功还是失败，都没有任何实际的意义。

在教学质量管理实践中，对于上述决策的程序步骤绝对不能生搬硬套，而应当依据学校的实际情况进行取舍。决策工作具有成效与否的关键要看学校领导是否善于走群众路线，能否激发教师的聪明才智，从而群策群力、集思广益。如果能做到的话，那么即便是决策程序当中较为困难的几步，也能轻松走好。如果不能做到，那么即便是拿出一个所谓的"方案"，也不过是生搬硬套的，没有任何的选择余地，只能是说空话、走形式。如此一来，学校领导的思想作风如何，就可以在这个问题上充分反映出来。

一般来说，经验丰富、水平较高的学校领导干部往往能够将教学质量管理的决策工作做得十分顺畅，并能够把工作中出现的问题当作工作反思的镜子，自觉地提高思想水平，改进管理工作。

（二）计划

1. 有的放矢，重点突出

总而言之，学校的教学工作可谓千头万绪、错综复杂。即便是办学条件好的学校，每个年级、每个学科的发展状况也不总是较为平衡的。因此，在一系列的工作过程中，要选准最为薄弱的环节，组织力量重点突破。

2. 发动群众，统一认识

在制订计划时，有时正确的意见或措施，往往在最开始不为人们所接受。不过，经过发动群众进行充分的讨论，尤其是经过实践的检验，正确的意见最终会被承认、接受和支持的。因此，有效地发动群众（即学校的管理层、教师及其他员工），从而统一大家的认识，有利于具体实施教学质量管理计划。

3. 上下结合，协调全局

在学校教学质量管理工作中，上级部门布置的任务必须和本校的实际情况相结合。具体来说，对学校领导的要求必须与对各个职能部门、各个教研组、各个老师的要求相协调。对于教师来说，要求其能够从学生的实际情况出发，并化为学生的自觉要求。

具体来说，教师必须认真学习并且正确领会上级指示的精神实质，对教学工作的实际情况、基本经验、主要问题等进行深入的调查和研究，从而全面了解各项工作的全貌。否则，教师在制订计划时就容易犯主观主义、教条主义的错误。

4. 远近结合，统筹安排

如果有长远计划和近期目标，那么工作的方向就会非常明确，视野也随之十分开阔，能够增强工作的系统性和继承性，从而有效地避免盲目性、滞后性等问题。一般来说，学校管理者在制订学校教学工作的长远计划或近期目标时，必须做好以下几个方面的工作。

第一，依照人口数量、城市或者农村的规划建设、教育事业的相关发展规划，确定每年招生人数。与此同时，还要保证每年应届毕业生在德、智、体、美、劳多个方面能够达到基本的要求。

第二，确定学校在近几年里教学质量提高的幅度和相关措施。

第三，制订出逐步改善学校设备的计划或方案。

第四，确定近几年内学校领导和教职员工需要解决的问题和解决问题的相关途径，让其尽快适应变化发展的需要。

客观来说，远近计划的结合可以使计划的方向更为明确，有助于稳扎稳打地逐步实现目标。通过不断实践，可以总结出各种各样的成功的经验，有利于处理好所出现的问题，为计划的最终实现提供相应的保障。

二、组织与实施

（一）安排好教务处工作

对于各级各类学校来说，教学质量的管理是学校整体工作中非常重要的一环。如果处理得当，那么教务处、图书室、校医院、实验室、体育室等部门的职工就可以各司其职、各尽所能。在这种情况下，教学质量管理系统可以具有十分灵活的反应力，指挥渠道和反馈路线畅通无阻，有助于提高教学工作质量。相反，如果教学质量管理工作没有做好，则很容易出现信息不通、指挥不当、上下隔阂、各自为政、秩序混乱的局面，最终制约学校教学质量管理水平的提高。

在具体安排的过程中，学校管理者需要做好以下几个方面的工作。

第一，校领导要高度重视教务工作，认识到其是教学质量管理体系当中不可缺少的部分。

第二，明确教务处是两个反馈的中心。在学校内，由教务主任联系教研组以及班主任这两条流水线，让教学的相关信息渠道得以保持畅通。而教务工作人员需要及时将反馈信息传递给决策层。除此之外，教务工作人员也要收集、整理、分析来自校外的反馈信息，同样应做好信息反馈的工作。

第三，想方设法提高工作人员整体的思想水平、业务水平、文化水平，让他们明确工作质量标准，进而提高工作效率。

第四，针对一些教务工作职责不明的情况，重新组织或调整教务工作人员队伍，且实行岗位责任制。

第五，解决分工合作问题，也就是将教务工作人员全部组织到教学质量管理系统当中，由教务主任统一进行组织、调度、指挥、监督。

第六，校领导要针对教务工作制定相应的奖惩制度，克服平均主义思想，表彰先进、鞭策后进。

（二）稳定秩序

这里说的稳定秩序包括两个方面：一是稳定工作秩序，二是稳定教学秩序。

1. 稳定工作秩序

根据学校内部各个方面、各个部门的职责任务，将党、团、工会的工作，以及校长室、教务处、体育室、图书馆、校医院等行政系统的工作，全部纳入以教学为中心、全面贯彻国家教育方针政策的轨道。同时，各个方面或部门需要互相配合、协调一致，防止出现各自为政的现象。

2. 稳定教学秩序

稳定教学秩序是一项较为复杂的系统工作，其具体内容非常琐碎、复杂。具体来说，学校管理者要稳定教学秩序，就要重点抓好以下几个方面的工作。

第一，各个教师必须充分调动学生的学习积极主动性，有意识地培养学生对学习的兴趣爱好，满足学生的求知需求。与此同时，大胆放手地培养学生的自主精神和自控能力。如此一来，学校教学秩序就能够稳定下来，为提高教学质量打下坚实的基础。

第二，由校长宏观上统一调度，教务处负责具体组织教师开展工作，及时处理好收费、注册、发书、编班、排课、作息时间安排、各项活动等工作事宜。

第三，将思想政治工作、教学工作以及各种活动统一安排到总课表上，防止出现各自为政的现象。

第四，及时公布课程表、作息时间表、校历表等重要信息，并将每周会议活动的安排提前公布出来，便于相关人员做好准备。

第五，学校的全体教职员工，尤其是政工干部和班主任，要在每学期开学伊始，通过思想政治工作将学生的思想和精力快速引导到迎接新学期的学习任务上，从而有助于各个年级教学秩序的稳定。对于新生还要统一向他们介绍学校的总体概况，明确校纪校规和学生守则。在当代社会中，一些学校进行的"入学教育"就是很好的办法。

第三节　高校教学质量管理策略

一、高校整体教学质量管理改进策略

教学质量管理在高校工作中非常重要，是不可忽视的一个方面，并且关乎各个利益相关者的利益，针对这些问题，本书具体探讨进行改进教学质量管理的对策，主要包括以下六个方面：提高教学质量管理者的水平；加大教学质量管理工作宣传；积极支持学生参与教学质量管理；加强学生参与权的制度建设；提升学生参与教学质量管理的素质和能力；建立教学质量信息反馈改进系统。

（一）提高教学质量管理者的水平

在高校的教学质量管理工作中，管理人员起着非常重要的作用，能影响到高校人才的培养质量。所以提高高校教学管理者服务水平和专业素质就变得尤为重要，管理者的管理水平和效率也要跟上当今社会发展的要求。

1. 提高教学质量管理人员的服务水平

要切实搞好教学质量管理工作，使其顺利开展，教学管理人员必须有明确的服务意识，提高服务水平会使教学质量管理事半功倍。因为学校的建立就是为了满足人发展的需要，所以学校就是为需要的人提供服务，应该以服务的对象为本，也就是以学生为本。随着教育的发展，教育竞争也日趋激烈，而高校之间竞争的关键之一就是能不能为服务的对象提供高效优质的教育服务。因此，教学质量管理人员必须有服务意识，以学生为本，做到热情服务、耐心解答、满足要求，以积极向上的精神面貌去对待工作，真正做到让教学质量管理为教学服务，保障教学工作的顺利进行。

2. 提升教学质量管理人员的专业素质

高校教学质量管理人员除了要有服务意识、高水平的服务，还要提升相关的素质。首先是思想素质。高等教育担负着培育人才的重任，不仅要培养能够建设社会的人才，还要能发展人才。因此，具备过硬的思想素质是教学质量管理人员做好这项工作的基础。这些管理人员应该具备和提升的思想素质，有正确的政治和工作思想以及顾全大局的思想素质。其次是职业道德。高校教学质量管理人员职业道德核心是对党的教育事业忠诚，所以，管理人员职业的高尚道德是有效开展教学质量管理的基础。再次是管理素质。高校教学质量管理人员在从事教学质量管理工作时必须具备的基本条件就是要有高层次的管理素质，高校的办学水平和教学质量管理人员的管理素质及管理水平有着紧密的关系。因此，教学质量管理人员应该具备的管理素质包含和教学质量管理工作相关的基本知识、较高的日常教学质量管理的能力、组织协调的能力以及不断学习新知识的能力。最后是创新素质。教学质量管理人员必须掌握教学质量管理的内在规律，除此之外，还要有创新意识，时刻本着创新的精神来找寻自己学校发展所适合的道路，在不断的实践和总结中提升工作效率。

3. 提高教学质量管理者的管理水平和效率

首先，优化教学质量管理队伍。高校中能在教学质量管理岗位上工作的人员应该不仅是德与才兼备，还要懂教学质量管理知识，学校要按照教务处和各院系的要求去配备好这些人员，人员数量也要和办学规模相适应，新进的教学质量管理人员应该具备相应的学历和工作经验。要加强对教学管理骨干的培养培训，定期系统轮训一次，让新上岗的教学质量管理者具有强烈的工作责任感，掌握必需的教学质量管理相关的知识和手段，快速地领会到工作的本质内容，加快适应工作的步伐。同时，学校还要激励他们通过继续深造来提高理论和工作研究的能力，提升分析解决难题的路径。

其次，定期进行考察和研讨。要让教学质量管理人员听取同行知名专家的讲座，或是去著名高校进行参观、考察、学习和交流，吸取借鉴一些先进的教学质量管理理念，以提高自己的业务水准和能力。

最后，保持教学质量管理队伍的稳定。各高校应该制定出相关的政策，切实地解决好教学质量管理人员的待遇问题，使他们不用为其他问题分心，更好地集中精力去搞好教学质量管理工作。学校还要加强教学质量管理的现代化建设，构建高效共享的教学质量管理网络平台，推动教学质量管理的科学化和现代化，提高管理的效率。

（二）加大教学质量管理工作宣传

为了实现教学目标，学校应该让学生在教学实施之前就明确地知道教学目标和要求，因此要在学生中加大教学质量管理工作的宣传力度，这要充分利用覆盖学校的多种媒介，还要调动具备管理能力的学生参与这项工作的积极性，共同完成教学质量管理工作。

1. 充分利用各种媒介进行宣传

学校的教学质量管理部门通过校园广播、校园网络以及宣传栏等，把教学工作的具体情况和进程及时对外公开，也可以请一些有关学院的人员共同参与，以增加行政人员和学生对教学质量管理工作的了解，学校还可以编印有关高校所颁布的教学质量管理文件（如《本科生学业指南》等刊物），向学生宣传学校教学活动中的规定、要求和办事程序，以此来转变教学观念和完善教学质量管理，为学生提供更多的便利服务。

2. 调动学生管理人员的积极性

学生群体中那些具备管理能力的人，可以在教学质量管理过程中起到上下连接的沟通桥梁和交流纽带的作用，而对于这些学生来说，参与教学质量管理又是锻炼能力的机会。因此，高校应该重视对这些学生的培养和管理，充分调动其参与教学质量管理工作的积极性，有效地联通"学校"到"学生管理人员"再到"学生"之间的信息往来。

通过专门的培养和管理，提高学生管理人员的认识，以此带动更多学生，让他们对高校的教学质量管理有所认识，只有认识充分了，才会更好地配合教学质量管理人员开展相关的工作，有利于工作的顺利进行，进而也给高校的教学质量管理工作带来更大的成效。

（三）积极支持学生参与教学质量管理

高校管理的主体包括教师、管理者、学生，学生作为高校利益相关者之一，也有参与其中的权利。当一个组织强制它的内部人员服从它的权威时，这个组织里将出现信息不对称现象，一定会存在矛盾和冲突，而当它是建立在内部人员对其的认同之上，这个组织一定会长久。高校也一样，它的权威不能是通过强制实现的，必须依靠来自学生的认同。以前学校没有征求学生的意见而制定出来一些规章制度对学生进行约束，现在高校积极主动地让学生参与教学质量管理工作，满足学生的需要，学生就会认同学校的工作，学校的工作也将顺利进行。

1. 积极主动争取领导的重视和支持

引起领导的重视，获取领导的支持，才不会让学生将参与高校教学质量管理工作变成一个口号，流于形式或者昙花一现，而会使学生管理队伍参与高校教学质量管理工作更坚定有力。因此，教学质量管理部门要和学生管理队伍一起争取学校领导的支持，特别是负责教学和学生工作的领导对学生参与教学质量管理的支持，使领导能高度意识到学生参与教学质量管理的价值和意义，这不仅能够促进学生的全面发展，还能提高高校的教学质量。

2. 学校与学生管理部门相互合作

教学质量管理部门和负责教学的领导应该和学生管理队伍（共青团、学生会等）主动地对学生参与教学质量管理工作进行指导。高校教学质量管理部门给学生提供机会使其能参与教学质量管理工作并进行指导，学生管理部门也要提升工作水平，积极投身于教学质量管理的工作中。两者中任何一方的努力都不能少，否则就会影响工作的有序开展和进行，只有两者通力合作，才能真正实现学生参与教学质量管理的价值。

（四）加强学生参与权的制度建设

在多数的发达国家里，学生有直接参与决策的权利，通常由学生代表参与，他们不仅有权利参与学校各种事务的会议，还能够代表学生进行发言，包括在董事会或校委员会中。例如，在英国，大学里都有专门设置学生组成的理事会，这些理事会里的成员能够参与大学组织的学术委员会或者行政会议等，并可以在这些会议上代表全体学生表达意见和建议，内容包括对教学工作和科学研究工作等的安排，对教师和专业的技术人员的提拔、任免等，对设置和实施有关学生参与管理的纪律等。学生代表的人数在大学理事会中的人数比例最高的是法国，可以达到 1/3 及以上，大学的理事会为确定本校的规章制度、审议各个院系的规章制度、制定和核算预算、经费的分配、制订教学计划、研究教学方法以及考试方式等，定期召开会议，在这些会议讨论的事项中，很多与学生的利益紧密相关，因此，学生是有绝对的发言权和表决权的。例如，关于学校以及院系的规章制度、教学计划等。当然，在管理的开展初期，可以通过多种渠道让学生表达意见，包括设置校长、院长信箱，进行民主性的评议活动等。之后无论在学校事务上的安排，还是在其他相关工作上，通过不断落实，逐步丰富和健全，以展现学生的力量。

这些发达国家的经验可以给我们以借鉴和启示，即成立传达学生声音的学生团队参加校务会议。组成学生团队的是优秀的、有能力的学生，可以代表学生发言，这样的类似于专门委员会的形式应该是制度化的、可持续的，其作用包括在召开学生座谈会时发表意见和建议；学生以书面的或口头的形式做出反应；学生评教制度和学生代表制度等。因为大学和学生之间都有着共同努力的方向，彼此信任、合作，所以学生参与学校的教学质量管理有进行下去的必要性，但参与教学质量管理工作，学生必须具有参与其中的才能和品质，当然，大学生的职责主要还是学习，在参与教学质量管理的过程中要保证不耽搁自己的学业，因此就要正确地把握学业和管理工作的关系，还要处理好与学生会、学习部等相关部门的关系，使参与教学质量管理成为学习管理能力的提升和拓展渠道。

（五）提升学生参与教学质量管理的素质和能力

人是实施制度、理念和措施的根本，高校教学质量管理除了管理人员，还要有学生管理队伍，而要使学生参与教学质量管理真正可行，就要求学生管理工作队伍是高素质、稳定的工作团队。目前，我国高校里的学生管理工作者大多数没有系统地掌握教育教学相关理论，专业程度并不高，工作起来往往是凭借自己的想象和别人的经验。学生管理工作中最重要的就是学生干部，他们是学生群体中的优秀人员，他们参与管理的能力高低是学生参与管理成功与否的重要影响因素。

大学生要正确对待教学质量管理工作，通过实践提高教学质量管理的能力，高校教学管理部门应该采取多种渠道和途径实现学生的参与和实践，并激发他们的热情，丰富他们参与教学质量管理的知识和技能。

　　高校大学生已经有了一定的自主性，他们的个性心理也已经相对成熟，并具有相应的知识水平，也有强有力的民主参与能力和意识，所需要的就是恰当的引导与积极主动的培育。因此，高校应该运用多种方式，让学生对他们的权利和义务进行透彻的了解，准确理解民主的含义。高校还要组织学生进行相应的培养和训练，为学生提供更多的机会，向学生传授参与教学质量管理的相关理论知识和实际操作的技能，使学生在参与实践过程中，能力经过锻炼而提高，并成为有道德、有素质、有责任、有意识的个体，进而给高校的民主化管理带来积极向上的作用。此外，高校还应该对学校决策的相关工作做好宣传，与学生增强彼此的信任和理解，从而提升学生的角色感、参与感以及责任感，使学生的个人利益和目标与高校的教学质量管理结合起来，唤起学生参与教学质量管理的积极性。例如，可以把参与教学质量管理作为实践课程选修课，大学生参加这个实践课程，可以得到相应的学分等。

（六）建立教学质量信息反馈改进系统

　　使监控教学质量的多样化主体、多级别客体和教学目标等依照一定的关系进行组合并发挥作用的互相关联的一致体系，就是所谓的教学质量信息的反馈系统，它以教学质量管理和控制的角度为出发点，由教学质量监控的主体对监控的目标（进行质量监控的客体的状态和教学目标的完成情况等）做出反馈，来强化整体教学质量监控体系的错误修正能力，使其不断地优化和完善的过程。教学质量信息的反馈系统中的各个子系统积极互动、协调和连接，产生合力效应，使之一步步完善，从而形成教学质量信息反馈改进系统，这对教学质量的提升有着积极而重要的作用。为确保教学质量管理进行得高效顺畅，高校应该构建有关教学质量信息反馈的改进系统，相关信息以各种形式反馈到质量负责人处，包括口头上的、书面的、公开在网络上、教学的定期会议等形式，方便质量负责人在以后的工作中加强改进，提高教学的质量。各种各样的有关教学质量的信息一定要及时地反馈给学生处、教务处以及主管学生和教学工作的领导处，以便他们及时知道学校总体的教学质量情况，进行宏观控制与调整。具体关于学生参与的环节应包括五个：第一，可以从班级中挑选一名有责任感并能和其他各方面人员进行有效沟通的学生，然后加以特定培训，让其对教学质量管理相关工作进行全面深入的了解；第二，这些挑选出来的学生作为学校教学质量管理中的纽带，要及时地将教师上课的真实具体情况进行记录、汇总和梳理，尤其是一些异常状况，以便管理部门掌握真实的情况，并对亟待解决的问题快速了解，进行处理；第三，在班级内建立意见信箱，方便其他学生表达意见，使问题表现得更全面、更真实；第四，定期进行学生问卷调查和评价，开展学生参与的有关座谈会，使学生明确参与教学质量管理的价值和意义，能够发自内心地主动积极参与进来，实现学生参与的有效性；第五，利用现代化设备和条件，开设网络互通平台，向全体学生开放，使信息的交流更快速方便，这也更有利于学生与学校的平等沟通，同时，为了发挥学生在教学中的主体作用与地位，学校将有关信息和处理意见及时反馈给学生，对于无法立刻解决的问题要说明原因，最大限度地为学生参与教学管理提供制度保障，搭起教学互动的平台。

二、互联网时代下高校线上教学质量管理创新策略

（一）树立并宣传线上教学全面质量管理观

在高校线上教学管理中务必树立顾客观与质量观。顾客观和质量观是全面质量管理思想的两个核心观念，将线上教学管理看作一种"服务"而不是制约，视线上教学中的教师、学生、社会等为有需求的顾客。在我们的社会持续稳定的发展下，线上教学作为一种重要的教学形式必须着眼于长远，充分认识到线上教学中应具有的管理理念，从而保证线上教学质量随着教师、学生、家长、社会的需求而不断调整，使线上教学质量管理可以向着更好的方向发展，并使线上教学模式所培养出来的素质能够适应社会对人才的需求。教师与学生在线上教学中是基本要素，所以管理人员应将教学质量的优质输出，看作教师为学生做好服务。

另外，做好全员参与性的宣传工作。高校线上教学质量管理是一项复杂的

系统工作，应推行全面质量管理理念来实现高校线上教学的质量优化，并使线上教学优质地生存下去，为全体参与者树立可持续发展的理念。应积极推广宣传和使用高校线上教学全面质量管理的管理模式与管理途径，从而保证高校线上教学管理全过程的实施。在重新构建的高校线上教学体系下，高校线上教学参与者需要对新的质量管理流程和文件有足够的认识并进行全员性的宣传，才能更好地贯彻落实在全面质量管理体系下的线上教学质量管理。学校以及平台的每个参与者都要有质量责任意识。高校教学每个环节分配到每个人的任务做到不交错，层层递进，提高培训力度，加强线上教学发展的宣传，既可以提高线上教学质量，又有助于高校线上教学的长期发展。

线上教学工作检查是对教学运行状况进行动态监测的重要环节，是线上教学全面质量管理体系的重要组成部分，是提高线上教学质量的重要手段。在全面质量管理体系下的线上教学运行过程期间，必须进行全面的质量控制，及时发现偏离标准的各项活动及结果。质量控制横向涉及学校线上教学工作的全部方面，如教学平台状况，教师的教、学生的学，课堂质量控制，线上教学目标、教学计划、平台沟通、教学过程和每一项教学辅助工作。围绕线上教学管理工作、教师教学质量和学生学习质量三条主线，督导组全力深入，督导组评教、学生评教、教师自评等多种形式评教，做到以活动为载体，发扬线上教学全员性的管理，规范线上教学过程，充分调动教、学、管多方面的积极性，努力扩大教学工作监控的成果，使教学工作进一步科学化、规范化、全面化。

（二）设立合理的教学目标

教学目标是线上教学工作的整体导向。由于线上教学是高校教学的子系统，有和传统教学相通的方面，也有其特性的方面。在目标设定过程中，高校教学管理者应该发挥学生与教师的主体性，实施全员管理、全员参与的原则，将其贯穿到整个线上教学管理中。在目标设定上要全方面考虑，高校线上教学对象主要为原有班级的学生或者统一专业的学生或是其他院校的对课程有需求的学生，教学宏观培养目标由学校或学院在课程开设前根据线上教学的特点、专业的特点、院校的特点进行全面发展性的目标定制，教学的微观维度目标一般由任课教师根据实际教学内容、学生基本素养进行个性化制定。在线上教学目标制定中须贯彻"以学生为主体"的宗旨，因此，应在进行教学之前，加强对学生的学习素养和教学平台操作技能等进行分析，对线上教学内容加以分解制订出更细致的线上教学的目标。将学生的声音充分扩充到线上教学的准备阶段，以多种方式方法收集学生的声音，让学生可以表达属于自己的目标和期望，便于教师制定教学目标时具有可行性、现实性、针对性，尽量做到不同学生的需求全部得到满足。

高校线上教学质量管理的目标建设层次上应包含多种学科知识的建构，增加学生的自我管理能力、毕业后的就业能力，信息化教学稳定发展，以及创新能力的养成等。短期目标的建设上包含课时的高效完成性、信息技术能力的进步、更强的专注力、线上新型团队合作能力、交流的能力等。

（三）完善高校线上教学质量管理组织系统

高校教学组织指挥系统是线上教学质量管理体系中的"心脏"，其功能是对线上教学各阶段进行组织、运作与协调，其组织的合理与否直接关系到线上教学质量管理效率。高校的线上教学质量管理是行政管理与课程管理的结合。所以教学组织系统应由两个分系统构成，一个是教学行政管理分系统，另一个是教学课程管理分系统。

线上教学的行政管理组织建设应以在原有的行政管理组织下增设教学平台协调处，其组织运行方式是按学校线上教学管理人员层级进行行为递进式的管理活动。主要功能是对线上教学起到发展方向性的指导作用，及线上教学顺利进行的保障作用。该组织系统运用行政管理的手段，对教师、管理人员、学生、教学平台等要素进行整合管理，对所有的线上教学活动的走向进行计划、组织、协调、指导，以确保教学质量整体目标的实现，同时对课程管理的组织系统提供服务和支持。线上教学课程管理组织分系统由原有的组织设置增加线上教学技术与技术培训部门，助教管理部门，扩大监课督导队伍。此部门着力为线上教学的技术做好保障，建设线上课程；开发新型的适合线上教学的教学方法、学习方法、考试方法；监督反馈机制，评价体系；促进线上教学改革，使线上教学顺利进行，等等。课程管理组织的管理活动深入进行，实现对线上教学质量的控制。

组织工作时要注重管理信息、教学信息的双向交互并将服务教师与学生作为行动指南。

高校线上教学组织的合理人员结构与管理人员的素质能力，决定了教学质量管理的成败。强化线上教学管理人员的为师生服务的意识和创新管理理念，从而达到教学质量管理的优化。不论在计划还是发展期间始终着力统建一支管理思想全面且创新、业务与个人素质强、有丰富的线上教学经验和知识且力求创新变革的教学管理队伍。这样的目标要求我们在发展线上教学的道路中注重开发与培训线上教学管理人员的线上管理技能学习，使管理行为更为奏效，切实提升线上教学质量。

（四）重构保障运行机制与质量监控评价机制

1. 重构保障运行机制

"人"是高校线上教学的重要因素，且在线上主要要素中占有两项。所以要想使线上教学过程管理高效运行，必须对教学活动中的人有所干预，充分调动教师、学生和管理人员的线上教学的积极性，健全教师的发展机制从而保障教学系统高效运行。线上教学质量管理的保障机制主要涉及四种机制：第一种是竞争机制。通过竞争达到优质教学资源的输出以及调动教师、学生和管理人员的积极性，使其积极奔赴线上教学，获取属于自己的荣誉与地位。学校在线上教学过程中通过线上教学能力竞赛、学生线上课程知识与创新能力的竞赛等多种手段达到促进竞争的目的。第二种是激励机制。激励机制是高校线上教学质量管理调动主动性，促进师生自我管理能力的生成主流机制。人文精神、诱导、奖励是实施线上教学激励机制应遵循的基本原则。线上教学质量目标和阶段性的课程目标将师生以及管理人员的经济激励或精神激励相结合，将线上教学质量保障与多重奖励等结合起来，使全体师生将线上教学质量的提升作为自身的需要，做到不断激发教师积极性，提高其投身线上教学质量的内在动力。第三种是创新机制。创新是推动线上教学变革的最有力途径。线上教学创新机制不仅包括教师的教育理念、教学模式的创新和教学内容、教学方法、教学手段的创新，还包括学生学习方法、学习环境，管理者的管理思想和管理行为的创新。创新机制做到全员性参与是保障创新机制运行的重要条件。第四种是约束机制。约束机制是保证高校线上教学工作有序开展的重要条件。学校各部门要根据线上教学的质量目标及师生特性制定约束准则，管理人员对自身以及教师、学生、教学平台做好行为约束，教师对学生的约束和自我的约束要齐头并进，从而保证线上教学工作有序开展。

2. 重构质量监控评价机制

线上教学质量监控的六大主要要素为人（教师、学生、管理人员）、物（教学平台，终端设备、教材、图书资料）、方法（教学、学习、管理方法）、考核（学生教评、课程考试）、教学环境（风气、空间）和教学管理。针对这些要素，应按照做好预防、加强过程监控、深思结果的思路，即对线上教学实施前的体系监控、实施过程的人员与活动监控，以及最后的教学质量输出监控。并针对监控各环节制定一系列的线上教学管理规章制度，保证线上教学运行的科学性、规范性和延续性。在线上教学的监控中秉持全员性、全过程、全方位、有规划、多渠道、多形式的监控。

完整的高校线上教学质量评价可对线上教学的教学过程和结果做出数量或质量的评价，并与期望的标准进行全面的比较，呈现出当前线上教学工作的优劣。教学评价系统是保障与提升教学质量的重要手段。全面质量管理理论认为评价是一个控制、反馈和持续改进的过程。评价系统的适用性是目前各高校急于解决的问题，高校教师考核评价体系急需完善与改进，应注重从以下三个方面来创新教师评价体系。第一，强调评价指标的多样性，保证各类教师与不同学生有标准可依，通过课程的特殊性将教师进行分类管理，将线上教学所涉及的方方面面全部纳入评价当中。第二，强调评价体系的客观性，减少冗杂的人际关系。做到多看质量少看"面子"；减少通过率的评价，多看实质行为。第三，加强过程评价，管理者对线上教学中的人实施过程跟踪管理，以结果评价为辅，提升考核评价的科学性与时效性。教师对学生的课程评价方面应加强学生的课堂表现，凡是具有教师创造教学价值，学生具有创新与努力的表现，都应当得到支持与肯定，使评价的激励的结果更明显多样；遇到负面行为要积极加以疏导。线上教学质量评价机制的重构在很大程度上提高了线上教学质量。

（五）加强线上教学平台建设工作

线上教学平台功能性是教学质量的前提和基础保障，更是教学质量管理有效进行的基石。线上教学平台选择上应满足课程设计与开发功能、资源上传与传输功能、师生交互功能、考核与评价功能、课程管理功能、学习资源覆盖性广的功能等。课程界面应简洁易操作，符合学习的背景设计。随着 4G、5G 网络的发展，终端设备的多样化与简便化，线上教学平台功能的重构与发展变得更为现实。

教学平台学习资源的提供，除了平台本身具备的功能，还应考虑学校提供的教学资源，教师提供的学习资源，在平台中可以顺利应用，服务型原则是全面质量管理的顾客性导向理念。为顺利开展线上教学，教师除了根据自身特点选择适合的教学平台，还必须保证课程内容的良好呈现。要呈现优质的教学资源有两种方式，一种是使用原有的课程的教学资源即 PPT；另一种是教师根据线上教学的特点在教学平台外自己设计、制作教学所需的资源。为实现这两种资源的长期性与延展性，发展平台系统内的教学资源开发与设计尤为重要。管理者应在平台提供保证学生全面发展的学习资源，做好电子图书馆的工作，提供教师备课所需的教学材料。

增强学校与教学平台的校企联络，是保障线上教学长期发展的必要手段。从目前来看，学校与教学平台是独立的，仅有的关系为提供课程或使用课程，双方应着力改变这样的浅表关系。以合作共赢为目的，即平台企业良好运转，校方的线上教学长期发展。平台应为各校建立专门的板块，根据学校性质、专业性质、学生素质的不同设置专门化的通道，以及建设校企间的沟通渠道，及时沟通需求与问题，建设良好的战略性合作。

（六）师生能力培养创新化

1. 教师能力培养

在线上教学质量管理体系中，打造一支素质高、教学能力强、信息技术水平高的线上优秀师资团队是提高高校线上教学质量的关键。

高校应培养教师信息意识。在线上课堂中，信息化成为其最显著的变化。高校教学管理应通过政策的宣传和指引帮助教师树立信息意识，提高对信息的捕捉力和敏感度，将对信息的运用内化为自觉意识，自然地融入教学创新及专业研究，从而不断地跟随时代脚步。

另外，高校应注重提升教师信息技术水平。信息技术水平体现出教师对信息的运用能力，就目前情况来看，教师的信息技术水平仍需提高。高校应针对不同教师的学科特点和岗位需求开展多样化的教学技术培训，提高教师运用信息技术的能力，帮助教师适应现代化教学环境，推动教学创新的实现。高校应有针对性地发布线上教学技术指南，帮助高校教师群体能够在实现操作"无障碍"教学的基础上进行高质量教学。

注重发展教师教学能力。为适应教学新形势，教师的语言能力、专业知识、信息技术运用能力、课堂组织能力等都必须大幅提升，教学能力的不断提高始终是职业生涯的永恒追求。为此，开通专门的教师发展之路，不断开展为教师素质提升与创新能力培养"配货"，为教师提供广阔的学习与交流平台，促进学术探讨与教学经验的交流与分享，从而有效提升教学能力。

2．学生能力培养

学生的自主能力是目前线上教学培养人才的核心任务之一，也是当今创新人才必备的素质之一。学生在离开传统的教室环境下的学习，缺乏教师与管理者的实时监督和同学间的沟通交流，其自主能力的优劣成了影响学习质量的重要因素。线上教学中，教师作为监管者的角色被削弱，管理者与教师需引导学生形成自我规范的学习能力，教会学生如何自律，如何在线上教学中高效率地学习。管理者、教师首先让学生充分自我认识，鼓励学生用持之以恒的态度和恰当的方法将目标实现，通过教学内容与方法的改进教会学生自主学习、如何学习、终身学习。在高校线上教学中，管理者引导学生感受信息技术的教学魅力，教师可多设置小组交流合作的学习模式，以小组的模式激发学生的主动探究能力，根据不同类别学生设置个性化教育方案，尽可能地满足学生的自主学习需求，构建线上教学的独特学习文化，营造良好的育人氛围。另外，也需转变学生的学习观念，使学生摒弃功利学习思想，寻找内在的学习动力。在线上教学设施条件下，高校可通过互联网技术以及人工智能的支撑，将线上教学资源优化配置，给予学生更多的学习动力，实现更加立体、生动、高效的线上教学，推动个性化定制学习模式的形成。

第五章

高校教育管理的改革途径

第一节 管理层面的改革

一、管理者提高自身的综合素质

随着我国高等教育的逐步普及以及与国际接轨，各高校面临着激烈的竞争，高校管理者也面临着新的任务和挑战。高校学生管理者除了要承担教师应尽的责任，还因其管理者的身份，承担更多特殊责任，这就要求必须全面提升自身的综合素质。

（一）高校管理者的责任体现 —— 促进高校教育发展和推动大学生成长成才

一所高校的成败很大程度上取决于这所高校领导者的水平，高校管理者的能力素质对高校的发展和大学生的成长成才有着至关重要的影响。然而，近年来，在从事高校学生管理的这个群体中，却有个别管理者存在责任感不强的现象，影响学校的发展和大学生的健康成长成才。为了使高校学生管理者对所处的时代和所肩负的责任有一个具体深入的认知，高校学生管理者要注重自身管理能力的提高，不断地吸收新的信息，不断地实践和总结，培养良好的执行力和良好的沟通协调能力。

管理能力的提高是一个学习和训练的过程，过去的知识和能力固然重要，但并不等于说我们就可以用过去的知识和能力应对现在和未来，要用发展的眼光培养自我的责任意识。要注重高校学生管理方法的研究，增强自身科研素质，明确管理的目的，为管理素质的提高奠定基础。因此，高校学生管理者素质的提升是培养创新人才的保障。高校学生管理者责任必须体现高校建设发展、大学生的成长成才的需要。

1. 促进高校教育发展的责任

目前，高校学生管理者基本上都接受过系统的高等教育，掌握着先进的科学技术和管理方法，是高校发展中一支朝气蓬勃、出类拔萃的队伍，应该努力用自己的聪明才智为高校的发展尽一份力量，为大学生成长成才服务，这是历史赋予高校学生管理者的不可推卸的责任。高校学生管理者接受了正规而严格的治学熏陶，释放着各门学科的无限风光，探寻着自然与社会的最新宝藏，因此有能力更有责任和义务促进中国教育的发展，在高校竞争的舞台上大显身手，推动高校的进步。高校学生管理者要对祖国的教育和人才的培养有着高度的关注和思考，对建设有中国特色的社会主义教育、办好人民满意的大学有着比较深刻的理解，能积极投身于高校的建设，为不断推进高校的发展而努力。

2. 推动大学生成长成才的责任

对高校学生管理者而言，不仅要注重自我的发展，更重要的是挑起高校教书育人的重担。高校学生管理者要在办人民满意大学的道路上实现自身的发展和完善，并以此促进高校教育的发展和大学生的健康成才。责任感的重要性是不言而喻的，责任感的培养和增强，既需要高校学生管理者本身的努力，也需要社会外界条件的帮助来共同完成。提供各种各样的锻炼机会，使其能够真正接触社会，以成熟的观点认识社会现象，宣传倡导良好的社会风尚，坚决批判和抵制不良社会风气和社会现象，从而培养自身辨别是非、应对复杂局面的能力，只有这样才能帮助大学生明辨是非。

（二）高校学生管理者的素质优化 —— 全方位、多角度相结合

高校学生管理者在工作中除了集思广益、博采众长，还应具备管理、规划、

发展、远景展望的能力，工作不能停留在表面上，必须有计划、有总结，这样才能保证执行的效果，执行过程中绝不能随遇而安，要打破因循守旧的观念，树立大胆创新的观念，自觉运用创新思维，完成高等学校的目标，这就必须培养自我管理能力与社会责任感。

1. 注重知识更新，加强责任引导

高校学生管理者要在意识到自己责任的同时，把它升华为一种自觉的内心信念，升华为义务感，形成强烈的社会责任感。培养自我管理能力，要把高校学生管理者所具备的政治素质、业务能力、增加工作经验等作为能力管理的主要内容，根据高校学生管理者的具体情况和需求，有针对性地加强学习与培训，保证获得工作急需的工作技能和方法，促使高校学生管理者运用自己的理论优势帮助大学生成才，促进学校教育的发展。高校学生管理者作为教书育人的责任主体，具有公民的权利和意识，也必须有办人民满意大学的责任意识，从而引导高校学生管理者正确认识个人与社会的关系，认清承担社会责任是实现自我价值的必由之路和强化构建和谐学院的思想基础。个人与社会之间既有区别又有联系，是共生共存、辩证统一的。发挥好高校学生管理者的主观能动性和创造性，使他们善于运用科学理性的思维去分析问题、解决问题，充分发挥高校学生管理者自身的优势，鼓励自我，勇于创新。

2. 注重能力管理，拓展创新载体

高校学生管理者要培养健康心理素质，锻炼坚强的品质并增强抗挫折能力。高校学生管理者在学生管理工作中常遇到不顺心的事情，会感到委屈、郁闷，这种心情会在很大程度上影响工作的效率和准确度，甚至使得面临的情况愈加困窘，所以要注重培养自己的心理素质。高校学生管理者要有坚定的职业精神，只有对自己的本职工作付出热情和心血，才能真正把事情做好，在繁重而枯燥的工作中，高校学生管理者只有选择耐心与认真，才能不折不扣地完成教书育人的任务。孔子云："吾日三省吾身。"如果每一个高校学生管理者都能经常对自己的表现进行反思，不断克服自己身上的惰性和私心，那么高校的学生管理水平就能日益提高。高校学生管理者最终的目的是为学院发展服务，为社会培养优秀合格的人才。高校学生管理者只有具备了社会责任感，才能培养出社会需要的人才。对

高校学生管理者能力管理和社会责任感的培养需要二者良性互动，是高校学生管理者全面、和谐、自由发展的必要途径。

二、切实落实高校学生管理工作

在高校学生管理工作中，辅导员扮演着重要角色，不仅要管理学生，还要教育学生，对学生的学习和日常生活进行正确引导。对高校学生管理工作中辅导员的角色分析，能促进辅导员更好地对大学生开展教育和管理工作。高等学校的建设与发展也在国家改革开放以及经济社会深入发展的背景下逐步进入新阶段。高校辅导员需要承担的责任很多，落实大学生德育、落实学校规章制度、组织大学生参加各种教学活动、为大学生提供专业辅导和择业辅导、疏导大学生心理、帮助大学生解决困难、在大学生中发展党员等，可以说高校辅导员的责任重大。

（一）辅导员在高校中的地位及作用

1. 管理协调

高校辅导员要对学生进行无微不至的关怀，做到事无巨细，让学生感到温暖。比如指导学生如何管理日常事务、如何管理班级规章制度、如何组织班级活动、如何动员和促进学风建设等，高校辅导员在班级管理工作中要付出足够多的汗水和心血。高校辅导员被高校师生们公认为"学生工作管理员"，其在工作过程中要协调校内各部门与学生之间的关系，做到对校内各个环节进行有效衔接，充分发挥高校的管理育人力量。

2. 纽带桥梁

通过辅导员可以架起高校与学生之间沟通的桥梁，辅导员要负责收集掌握和处理学生的意见和要求，贯彻落实学校政策法规、规章制度，组织学生开展各种校园活动。由此可见，高校辅导员加强学校与学生之间的思想沟通，能够为高校的育人工作创设和谐稳定氛围，促进高校管理工作高效稳定运行。

3. 教育疏导

高校辅导员采取近吸式教育模式对大学生进行教育，教育工作涵盖大学生的各个方面，不只停留在思想教育层面，进行的重点工作是帮助大学生进行职业生涯规划，促使大学生树立远大理想，使大学生在学习、生活和工作态度方面端正态度，为高校培养高素质人才提供保障。

4. 成才导师

辅导员会影响到学生的各个方面，比如思想观念、价值取向、处世态度、行为方式以及学习成绩等，优秀的辅导员可以对大学生产生积极影响。辅导员是大学生进入大学生活以后面对的第一位导师，其负责大学生四年的学习和日常生活，并且对大学生的学习和生活予以引导，直至四年后大学毕业。大学阶段学生身体发育以及思想成长逐渐成熟，辅导员对大学生能够产生潜移默化的深远影响。

（二）高校辅导员工作策略

1. 身体力行，做个"好榜样"

第一，与其他课程教师相比，辅导员与学生进行交流的时间更长，所以辅导员很容易在学生心目中树立良好的榜样。学生的素质直接受到辅导员素养水平的影响，因此辅导员要不断提高自身的综合素质，时刻注意自己的言行举止，做到以身作则，为学生树立良好的榜样。

第二，学生中有很多可以作为榜样，教师要积极发现并且善于利用，使学生能够感受到身边同学的榜样力量，激发学生的学习积极性。辅导员可以选取一些有代表性的学生作为榜样，发挥其带头作用。

第三，辅导员要积极组织学生开展学习榜样活动。比如学习雷锋榜样活动、鼓励学生到社区做义工、到养老院慰问老人，充分发挥学生的助人为乐精神。

2. 全面发展，做个"多面手"

第一，辅导员是学生学习上的引导者。辅导员在学生工作方面不仅要发挥管理者职能，还要发挥教育者职能。以教授学生有效学习方法作为出发点，要积极学习并且掌握相关专业知识，并且通过课程教学和活动教学等方式向学生传授学习方法。

第二，辅导员要做学生的知心朋友，要关爱学生。大学阶段的学生还处于成长阶段，辅导员要给予学生更多的关心和爱护。辅导员要及时了解学生的学习和生活状况，及时帮助学生解决学习和生活过程中遇到的问题，让学生感受到自己带来的温暖，赢得学生的尊重和信任。

第三，辅导员要对学生的就业进行指导。大学生临近毕业时通常就业方向不明确，辅导员要引导学生设计职业生涯规划，让大学生对自己准确定位，在明确自己就业目标的前提下，制定符合自身实际的职业生涯发展规划，促进自身职业目标的实现。要积极组织学生开展职业生涯评比活动，使学生能够根据自身发展实际制定职业生涯规划。辅导员还要积极引导学生进行社会实践，让学生在社会实践中学习知识、积累经验，帮助学生实现顺利就业。

三、掌握高校学生管理的关键点

学生管理工作是高校整体工作的重要方面。在具体的实践中，学校的教育管理工作者应注意把握其中的几个关键环节，主要包括：入学教育，学生干部选拔，评优、纳新，军政教练员选拔等。全面把握大学生管理的关键环节，才有可能使大学生的管理工作走上更加规范而又科学的轨道。

（一）入学教育环节

高校的招生对象为高中毕业生。高等教育实行的是自我教育、自我管理和自我服务的管理模式，而大多数中学生的自我管理能力和自我约束能力较差。因此，高中毕业生如何实现向大学生的转变和过渡，入学教育是大学生管理工作的第一个关键环节。在入学教育方面，要重点搞好军政训练，从队列、内务、学籍管理规定、日常行为规范、考试制度等方面进行教育和强化训练，同时，还要使学生真正明白，科教才能兴国，中华民族要想在世界上永远立于不败之地，首先要振兴教育事业，同时还要使学生了解本省乃至全国各行各业尤其是本专业的发展现状和前景，使学生尽快树立一种"今天学知识，明天建祖国，现在准备好，将来去奉献"的职业道德观念，使"奉献自己、服务他人、努力打拼、不断创新"的信念成为他们的终生追求。

（二）学生干部选拔环节

在学生眼里，做班干部的经历有助于他们今后的发展，因为当了学生干部，不但荣耀，而且是党组织纳新的优先对象，同时，做学生干部的经历会对他们今后的就业产生积极的影响。

"不想当将军的士兵不是好士兵"，这种想法并不能说完全不正确，但有些学生当了学生干部后，因其本身自制力较差，很难做到"以身作则，率先垂范"，同时给自己的学习也造成了很大的压力，给学生管理工作带来了不利影响甚至后患。所以，在选拔学生干部上，必须要坚持原则，把那些品学兼优，具备一定组织能力，在学生中威信较高的学生选拔上来，是至关重要的。在选拔和配备学生干部时，辅导员应当在新生入学前首先审查相关教学班新生的档案信息资料，全面掌握学生的思想政治情况和家庭基本情况，把那些政治上可靠、学业上优秀的新生作为学生干部的备用人选。新生报到后，辅导员可以提名一些优秀的学生担任班委会、团支部临时干部，经过 1—2 个月的实践考察，履行民主推荐的程序，分别确定正式班委会和团支部的学生干部人选。

（三）评优、纳新环节

在学生管理方面，评选"优秀团员""三好学生""优秀学生干部""优秀毕业生"以及奖学金的评定、党组织纳新是建立良好的班风、学风和校风的重要激励机制。"优秀团员""三好学生""优秀学生干部"以及奖学金的评定，每学年进行一次，"优秀毕业生"每届学生评定一次，党组织纳新一般每学年进行两次。每次评优、评奖和党组织的纳新工作，高校学生管理部门都会印发相关文件和要求，关键是各系部和辅导员要按照文件精神认真抓好落实，认真履行职责，真正把那些政治上可靠、学业上优秀的学生评选上来，把那些拥护党的领导、积极要求上进的学生早日吸收到党的组织中，把评优和组织纳新的激励作用发挥到最大。

（四）军政教练员选拔环节

二十多年来，邢台学院根据实际情况，学生军政训练中的教官由自己培养，这样不但节约了经费，而且培养了学生的社会实践能力，这一举措极大地调动了学生苦练基本功的积极性，使得他们具有极其强烈的责任感、使命感和事业心。在这项工作上，若不能坚持选拔标准，稍一放松，就会影响学生教练员的整体素质和形象，不能起到"以身示范，严格训练"的作用。军政教练员应当在每年的四月份安排选拔，根据本年度的招生规模，确定本年度军政教练员的选拔人数。经报名，由学校武装部进行筛选，将条件优秀的人员确定下来，五月份利用课余时间进行强化训练，为本年度新生的入学教育做好干部上的人才储备。

四、掌握高校学生个体管理的艺术

（一）制度的规范和激励功能在高校学生管理工作中的显现

规范性制度和激励性制度在高校学生管理中都有其存在的合理性和价值。分析这两种制度主要功能的价值取向和限度，并不是要否定规范性制度在高校学生管理中的作用，而是要注重这两种制度功能的价值取向和限度，在各自的层面上发挥其有效性。大学生已具有很强的独立人格和尊严，有非常明确的是非观和价值判断，基于自身理性进行价值认知和选择。规范性制度应是对学生的权利和义务进行准确的定位，保障学生完整的公民权和受教育的权利，明确大学生作为公民和学生应有的行为规则和责任。所以，规范性制度的内容是对大学生行为的基本的限定，对符合大学生基本行为规范提出要求和对不符合的行为给予强制性处理。

在学生管理制度中，我们应尽可能不采用规范性制度或强制性措施达到管理的目的。在我国，学校管理制度的制定与实施具有自上而下、以行政规划与管理为主的特点，学校的科层化倾向明显，层次结构划分的是权力和责任。科层制在社会组织管理中具有良好的效率和作用，但科层制的无情扩张以及随之而来的科层权力的无情扩张，进入高校学生管理层面就呈现出对规范性制度的重视、偏向和喜爱。正如韦伯所描述的那样，科层制的激情足以压倒单个儿的情感。

更多的高校学生管理制度应以积极引导的价值取向，激发和激励每个学生的个体价值，充分肯定和体现学生的个体价值，增强学生积极向上的欲望和动力。激励性制度可以有效地启迪、打开学生的价值世界，提高他们的价值判断能力、选择的意识与能力，敞开他们通向可能生活的价值路径，让他们面对开放的、无限沟通的社会生活空间，从容、自主地建构个人的价值世界，成为生活的主体。人才有基本要求，但没有一致的标准，基本要求可以通过规范性制度加以养成，而对人才自身的发展，要通过多样的激励措施和多层面的肯定加以激发。制度或规则应该只是创设一种"教育的情景"，提供学生实现个体价值的活动场所或空间，以贴近生活实际的内容，提高学生价值认识、探究和体验的能力。

（二）以激励性制度引领高校学生管理工作的价值创新

在高校学生管理工作中加强对激励性制度的重视，要将制度从激励性功能出发，进行适当的目标定位：一是实现对学生的不同认识，引导其不同个性的激发与彰显，推动其明确自身的价值取向。二是改变管理者的工作方式，逐步弱化强制性特征，突出以服务为主的角色意识，给学生创造一个既渗透制度规范，又充满生机与活力的实践提高平台。三是达成人才培养方式的转变，避免制度规范性的固化趋同，帮助学生在个性可以得到张扬的情境中通过自我学习、自我管理和自我服务，实现自我价值。

（三）制度设计

高校学生管理工作创新应高度重视制度创新，并努力使之健全、规范与科学。完整、成熟、合理、先进的学生管理制度，反映了一所学校德育工作的理念与机制，反映了学校人才培养的目的与要求，反映了学校学生管理工作的思路、模式与方法，同时也综合反映了学校学生管理工作的境界与水平，以及全体人民实现中国梦的憧憬和希望。理性把握学生管理工作中制度功能的特点以及制度设计的原则要求，在突出制度执行的严肃性、规范性和教育性的同时，更注重加强制度设计，注重制度的激励功能的发挥，则是实现高校学生管理工作价值创新的重要途径。

制度设计要建立健全评价机制，优化绩效考核激励机制。正如柯尔伯格所言，道德发展取决于规则如何被理解，而不是取决于文化内容。我们从这句话得到的启发是，规则带给他人得以理解到的是什么，是一种限制性的价值传输，还是一种开放性的价值引导？一般意义上，学生的行为要求与个人自身的发展目标是相一致的，限制向内，开放向外。通过制度激励性功能的发挥，将对学生的教育价值的引导渗透于学生个体成长的过程之中，无疑应该是高校学生管理工作的基本出发点和重要归宿。

制度设计就是要把个人的道德理性与生活结合起来，通过发挥制度的静态与动态有机结合的激励性功能，强调细化管理、量化管理，在生活中验证、丰富、实践个人的价值理念，并且逐步形成稳定的道德行为习惯，形成个人在日常生活中稳定的道德思考、判断、选择以及行动的基本方式，从而实现学生在综合素质提高方面保持一定的张力和维度。

第二节　学生个人层面

一、发挥学生的主动性

大学生的自我管理，包括大学生对自身的生理、行为等方面的自我认识、自我感受、自我管理、自主学习、自我监督、自我控制、自我完善。具体来说，大学生自我管理就是了解自我长处、管理自我目标、学会做事和与人相处的过程。

（一）自我管理的入门 —— 了解自我长处

了解自我最重要的就是找到自己的长处 —— 这是大学生首先要做的事情。发现自己的长处也许要用整个大学的时光，但越早发现对将来的发展越有利。发现长处不能靠闭门苦想，而要通过实践检验并实施反馈分析。所以，作为大学生，要敢于尝试，在大学学习期间要尽可能地涉猎广泛的书籍，在假期时要抓住每一个实践机会。一个有效的方法是，无论何时，只要你做出了一个重要决策或采取了一项重大行动，你都把你期望的结果记录下来。三至六个月后，把实际结果与你的预期进行一下比较。通过尝试比较，就清楚明了在众多的抉择中，有些是自己没有天赋、没有技能干好的。而在某些方面上你却一点即通，上手很快。人生短暂，善于发现自己长处的学生就懂得学习自己擅长的东西，从"人流"向"一流"冲刺，而不会在自己能力低下的领域里浪费精力，从"非常笨拙"争取做到"马马虎虎"。一个人的成就，只能建立在长处和强势上，不可能建立在短处和弱势上。

当然，一个人的成长是动态的，特别是对于可塑性强的大学生而言，其具有的长处也是不断发展补充的。长处可以靠挖掘，也可以靠培养。为了更好地生存，人的无限潜能也能帮助自己激发和形成新的长处。因而，寻找长处不存在固有的模式和框架，而是不断定期进行反馈分析，把寻找长处、培养长处与发挥长处统一于实践，才能让长处充分发挥作用而真正成为一种竞争的优势。

在大学，学生在不断地学习生活中难免有诸多抱怨，对自己对身边总有着这样的不满意和那样的不顺心，这也很正常。也许对于很多人来说，当年轻有精力时，却没有做事的外部条件；当外在条件成熟时，可能人老没精力了。但所谓"非才之难，所以自用者实难！"善于自我管理的人，才善于自用其才，才能在广阔天地间让长处充分发挥，抓住机遇，走向成功！

（二）自我管理的核心 —— 目标管理

在明确了自己的长处之后，接下来就是目标的管理。"做'正确的事'比'正确地做事'更重要。"目标就是"做正确的事"。它包括以下几个方面。

1. 设立目标，让生活有明确的方向

"不想当将军的士兵不是好士兵"，作为一名大学生，首先要志向远大，目标明确。设立目标，要把握三个要点，一是你的目标一定要结合你的优点，围绕你的长处来构思。设立的目标，要能强化你的长处，专注于你的长处，把潜在的优势转化为现实的优势。二是目标必须具体，不能含糊其词，任何人都不可能去实现一个模糊的目标。比如，你打算考某个资格证，打算毕业时考研，或者打算毕业后找一份什么样的工作等，一定要把资格证的名称、考研的专业、职业的性质确定下来。三是目标要适中，既不能眼高手低，也不能自卑自贱。虽古人云：

"取法于上，仅得为中；取法乎中，仅得其下。"但我们设立的目标如果超过了自己的知识、能力水平，那么目标就会成为空中楼阁。

2. 要分解目标，让你随时充满紧迫感

目标可区分为长期目标、中期目标、短期目标三类。长期目标要瞄准"未来"，要把眼光放到毕业后的人生当中；中期目标是当你设定了长期目标后，将它分为两半的目标。若设定一下 10 年期的长期目标，中期目标定为 5 年。接着将 5 年再分成两半，直到你得到了 1 年期的短期目标时，短期目标是你应该最为关注的目标，其一般不要超过 90 天，这样才能取得更好的效果。通过这样的分解，你就可以把有限的精力放到当前的目标中，全力以赴。

3. 自我管理的重要内容 —— 学会做事和与人相处

自我管理最终是要去服务社会，融入他人，而不是一味地管理"自我"。所以自我管理很重要的作用和意义是在于它的社会性——学会做事和与人相处。学生经过了大学教育，最终是要进入社会的，所以在大学教育中，在学生自我管理的内容中，重视社会性素质能力的提高是十分关键的。归根结底——"学会做事做人"。做事，除了做好事，还要提高工作效率，以最佳的方式完成。做人，除了做好人，还要做一个成长快、成功快、受人欢迎和敬佩的人。

4. 学生自我管理在高校管理工作中发挥着重要作用

学生自我管理渐渐成为高校学生管理重要的一面，具有显著的作用。

第一，能够有效地提高大学生的主动性，增强解决实际困难的能力。"自我管理"是以大学生为主的管理模式，大学生扮演管理者和被管理者两重身份，学生主动参与管理，又接受来自自己的管理，充分体现了学生的主体性。

第二，有利于塑造大学生独立性品质，增强社会责任感。"自我管理"实质上是学生的自我约束。在高校规章制度的监督下，增强学生的自我控制能力和独立感，加强学生的主观能动性，使学生在学习生活中对自己负责、对他人负责、对社会负责。

第三，能够帮助学生认识自我、发展自我。"自我管理"是一种软性的管理，学生在学校制度的约束下，能够充分了解自己的真正需要，在进行自我教育的过程中，有效地弥补自身的不足，实现自我发展。

第四，有助于丰富学生的校园生活，增强学生的实践能力。学生如果自我管理，更能积极地去开展校园活动，丰富文化生活，增强交际能力，社会实践能力也会有所加强。

5. 学好做事做人的基础

（1）顺应良好的个性习惯。

尽管我们说大学新生是站在同一条起跑线上，但他们实际上是带着将近二十年的人生履历进入大学生活的，一般都有自己的习惯。帮助学生区分他们习惯中哪些是好的习惯，哪些是坏的习惯，并设法改掉坏习惯是非常重要的。比如在学习方式上，有的人是阅读者——通过读收获最大；有的人是倾听者——通过听收获最大。只要能学到知识，这两种都是好习惯。

（2）合理利用时间。

大学生要学会掌控时间，就是要合理利用学生拥有的时间和精力资源去换取知识和能力。我们要帮助学生学会善于协调两类时间：一是他控时间，如学校安排上课、实验的时间；二是自控时间，即属于自由支配的时间。一个人每天效率最高的时间只有20%，所以要用20%的时间做80%的事情。此外，锻炼身体并不是浪费时间。

（3）借助他人的力量。

一件事情的成功通常是多方面合力的结果，而我们每个人的能力是有限的。因此，你要善于利用这些资源和能力来完成共同的任务。所谓聚沙成塔，众人拾柴火焰高！

（4）善于沟通。

大学生生活的圈子小，人际关系相对简单，但学生要学会把所处的环境看成练兵场，培养与人相处的技巧，学习建立良好人际关系的能力。只要生活在社会上，就要与人打交道，相互沟通至关重要。了解别人，也让别人了解自己，互通有无，才会有"1+1＞2"的效果。要了解别人，就要学会换位思考，站在他人的立场上来分析问题，以同情的心态接受别人的观点。培养自己迷人的个性、得体的衣着、善意的微笑、诚挚的言谈、积极的进取心，从而让别人了解自己、欣赏自己。通过沟通，建立起牢固的人际关系网，这样你就有了生产力。

善于做人做事是一个较大的范畴，涵盖很广，市场上也有很多相关的书籍和音像制品。学校管理做得再好，对于大学生来说只是一种外部的知识传输和秩序的强制执行。而此时的大学生正在积极发展探索、发现、分析、解决问题的能力，也正处在一个自我分辨、自我抉择的时期。这种积极的、主动的认识自身主体的意识是很重要的。值得称道的是，在高校成功素质教育的指导下，一直很注重大学生自我管理意识的形成和培养。作为素质导师，最主要的工作其实并不在于把学生管理得多好，而在于如何给予学生好的观念方法和建议，为他们创造一个良好的成长环境，让他们更好地自我管理，帮助自己走向成功。

6. 高校学生自我管理的实践途径

（1）创造大学生自我管理环境，实行有效的自我管理。

环境的作用对一个人的发展是有很大影响的。环境包括人和物两方面。大学生是学校的主体，是建设文明校园的主力军。高校只有充分发挥学生的自我管理作用，才能建设文明校园，才能培养出合格的大学生。宿舍是学生主要的生活场所。因此，宿舍氛围的营造是一个重要方面。合理良好的宿舍环境对于培养大学生的自我管理能力，发挥着巨大作用；教室是学生学习的地方，保持教室的安静是每个学生必须遵守的首要原则。

（2）制定大学生自我管理的制度，引导大学生进行自我管理。

要使大学生进行有效的自我管理，就必须有相应的制度来约束。实行自我管理，并不意味着放任自流，而是必须有一些制度作为底线，否则，难以把握大学生的发展方向，这样就违背了高校人才培养的初衷。因此，相关制度的建立，对于大学生的自我管理，起到一定的引导和约束作用。总之，要想有效地实行大学生自我管理，高校全体师生必须意识到自我管理的必要性，在班主任、辅导员或学生管理工作者的指导下和一些相关制度的约束下，充分挖掘学生的潜力，增强学生自我控制能力，在自我管理中全面发展。

二、提高学生的参与程度

大学生参与高校管理，既是其作为教育消费者与接受者的重要权利，又是其保障自身利益的合法权利。为更好地促进与提升高校管理中的学生参与，需要完善学生参与高校管理的机制和提升学生参与高校管理的品质。

随着高等教育市场化程度的逐步深入，高校收费制度和招生录取方式的逐渐变化，高校与学生的关系日益从"管理者和被管理者"的关系转变为"服务提供者与消费者"的关系。伴随大学生成人意识与消费者意识的增强，其既应享有依法参与高校管理的权利，又应基于自身合法身份，获得保障自身正当权益的权利。

　　在高等教育大众化、民主化趋势日益显著的今天，如何科学理性地赋予学生参与高校管理的权利，如何妥善合理地保障学生的权利诉求，是值得谨慎思考与深入探讨的问题。

（一）学生参与高校管理的特征

　　学生参与高校管理，既是学生作为教育消费者的重要权利，又是学生保障自身正当利益的合法权利。

1. 学生参与高校管理的基本内涵

　　关于学生参与高校管理的含义，典型的有"全面参与说"和"部分参与说"两种。前者强调学生全面参与学校的各项管理，大学生参与管理是指为实现高校教育与管理目标，大学生从高校正式的组织机构中分享一定的管理权，承担一定的管理责任，在参加高校发展的计划、决策、资源协调和管理中，推进高校管理的民主化、科学化。后者主张学生部分参与学校管理，大学生参与学校民主管理是指在学校管理过程中吸纳学生参与学校和学生利益直接相关事务的评议、管理和监督。它既是学校民主办学的重要途径，又是学校尊重、培育学生主体性，造就创新人才的重要渠道。上述两种观点都以高校管理民主化和科学化为出发点和落脚点。然而，学生身心发展水平的差异性以及学校本身所固有的管理职能，决定了学生参与学校管理是以促进学生主体性发展为前提，所以学生参与管理更多的是从学校的教育教学活动、校园文化建设和学生学校生活等方面来强调其主体地位和作用，促进其主体性的发展并提升学校管理的科学化水平。也就是说，学生参与高校管理的本质既是高校管理工作中的一个重要环节，又是高校学生教育的一种重要手段。

2. 学生参与高校管理的理论基础

　　国内学者从法律法规和政策的视角为学生参与学校管理寻找合法性与合理

性支撑。1998 年，联合国教科文组织在世界高等教育大会上发表《21 世纪高等教育：展望行动世界宣言》指出：国家和高等院校的决策者应将学生视为高等教育改革的主要的和负责的参与者。2005 年，我国教育部发布的《普通高等学校学生管理规定》第四十一条也明确规定：学校应当建立和完善学生参与民主管理的组织形式，支持和保障学生依法参与学校民主管理。2011 年，教育部《高等学校章程制定暂行办法》第十二条明确提出：章程应当明确规定教职工代表大会、学生代表大会的地位作用、职责权限……维护师生员工通过教职工代表大会、学生代表大会参与学校相关事项的民主决策，实施监督的权利。

3. 学生参与高校管理的实现形式

在我国，学生委员会（学生会）是高校最基本、最普遍的学生组织和学生参与高校管理的组织，其充当学校和学生之间相互沟通的桥梁和纽带。学生会的基本原则是坚持服从党的领导和维护学生利益的一致性，因此学生会既要关心和维护广大学生的利益，又要兼顾党和国家的利益。学生会通过一定的渠道和途径参与学校的日常管理，参加有关对学校工作的监督和评议。根据《中华全国学生联合会章程》规定，学生会的基本任务之一就是沟通学校党政与广大同学的联系，通过学校各种正常渠道，反映同学的建议、意见和要求，参与涉及学生的学校事务的民主管理，维护同学的正当权益。作为学生自我管理的组织机构，学生会在理论上既是学生参与学校管理的主要途径，又是学生进行自我管理的重要组织。

（二）学生参与高校管理的策略探析

学生参与高校管理应该是一个循序渐进的过程。高校应充分重视并落实学生参与管理的权利，为学生参与学校管理提供更适宜的环境与更完善的制度保障。

1. 重视"学生权利"，更新学生参与高校管理的观念

支持和促进学生参与高校管理，在本质上是尊重学生作为消费者与受教育者的合法权利与合理诉求。大部分高校管理者认为以大学生的现有能力和素质还无法胜任复杂的管理工作，所以在保证学生参与高校管理的方面通常持相对保守的态度。

2．赋予学生权力，完善学生参与高校管理的机制

明智地分享权力并不等于削弱权力，反而可以多出成果。构建与完善相关的学生参与机制，更多地赋予学生参与学校管理的权力，是未来高校管理体制改革的重要趋势之一。

（1）构建并完善高校学生管理听证制度。

近年来，听证制度在我国法治建设过程中发挥了举足轻重的作用，把听证制度引入高校，使其作为保证学生参与学校管理的制度保障，已经引起了人们的广泛关注。目前，我国各高校纷纷建立学生管理听证制度，探索与学生成长需求相适应的学生参与学校管理制度体系，保障学生参与学校管理的合法权利。

（2）实行高校学生代表大会提案制度。

学生参与学校管理是我国现代大学制度建设的要素之一，健全的现代大学制度理应为大学生参与管理提供有力保障，借鉴教代会模式施行学代会提案制度，也应当成为保证学生参与高校管理的组织保障。

（3）完善学生参与高校管理的规章制度。

建立和完善学生参与学校管理的规章制度是学生参与学校民主管理和高校依法治校的制度保障。近年来，国内各高校积极探索推进大学生参与民主管理的途径和办法，努力为保证学生参与学校民主管理提供有力的制度保障。

3．优化"学生参与"——提升学生参与高校管理的品质

促进学生参与高校管理，不应仅仅停留在低层次、低水平的"形式阶段"，而应致力于层次的提高和品质的提升，达到有效、积极和高水平的"实质阶段"。

（1）提高大学生参与高校管理的层次。

参与高校管理可分为三个层次，初级层次以行使知情权、监督权和建议权为核心，中级层次以行使行动权、咨询权和评议权为核心，高级层次以行使决策权、表决权和投票权为核心。目前我国大学生参与学校管理的途径和方式还主要集中在初级层次或者中高级层次的初级阶段，如高校普遍设置的校务公开栏、校长信箱、校长接待日以及实行的学生助理制、学生评议制等，都只停留在知情权、监督权、建议权等初级阶段和层次。学生组织、学生干部参与管理也仅仅停留在宿舍、食堂等生活服务管理层面，对学校重大方针的决策根本无从参与。鉴于大学生身心发展的特殊性以及群体功能的特殊性，学生参与高校管理的范围和程度可以是有限的，但学生作为学校主体参与学校各个层次管理的权利却是不可忽视的。高校应充分尊重学生参与学校重大决策领域管理的权利，让学生真正享有"参政议政"的权利。

（2）创新大学生参与高校管理的方法。

随着网络技术的成熟以及高科技产品在高校的广泛应用，学校可以充分借助当前先进的技术和科技手段来拓宽学生参与学校管理渠道。例如，南开大学通过微信 App 来专门用于校园信息咨询、交流和反馈等事务，学校不仅能够用它发布各种公告信息，还可以将其用于向学生征集各方面的提案和意见，成为"随时随地任何学生"参与学校事务管理的一种新的便捷途径。此类形式创新与方法创新，能够打破以往学校管理工作在时间和空间上的限制，提高管理工作的效率，使学生参与学校的管理更加人性化和现代化。

（3）增强大学生参与高校管理的能力。

大学生作为由成年人组成的群体，已经具备较成熟的思想和独立判断的能力，同时还兼具较强的可塑性和较大的培养空间。高校应当重视对学生参与学校管理能力的培养，创造机会让更多学生关心和了解学校的发展并积极参与到学校管理当中，尤其要鼓励学生参与教学管理、干部选举及奖惩制度等事关自身发展和切身利益的重大事务。

第三节　环境层面

一、营造健康积极的高校学生管理大环境

随着网络技术的发展，网络文化建设已经成为社会关注的热点，随着网络信息技术的进步，网民的数量剧增，网络文化业态呈现了多元化的趋势，它对我

们的工作、学习、生活产生的影响也越来越大。高校网络管理中心是全校网络运行的主要支撑平台和防范不法分子利用网络破坏学校稳定的堡垒，是展示学校整体风貌的"窗口"，是学校重要的舆论宣传阵地。

（一）提高学生的文化素养、自我调节与管理能力

培养和提高大学生网民对有害信息的自觉抵制意识和能力，对于建设社会主义网络思想阵地具有基础性的意义。首先，要使青年学生学会做自己的心理医生。青年学生的情感丰富而又容易冲动，因此要学会保持健康的情绪，适时宣泄不良情绪，找到合理表达自己诉求的方法，防止过度迷恋网络游戏，就显得非常重要。其次，要使他们学会计划自己的生活，建立合理的生活秩序。现在个别大学生尤其是大学新生，生活自理能力较差，有的甚至难以适应大学的集体生活；还有的学生不能进行正常的人际交往以及建立良好的人际关系。最后，培养学生的道德自律意识。学生阶段是一个人的世界观和人生观的形成与定型阶段，因此教育他们在网络社会里遵守起码的行为准则，自觉加强修养，树立正确的世界观和人生观，就显得非常重要。

（二）营造积极健康的校园文化环境

学校应该有意识地组织力量开展网络信息安全方面的科学研究，利用技术的力量对侵入网络的有害信息进行处理，努力净化网络环境，将有害信息拒之校园网外。学校应该加强校园文化建设，丰富学子们的业余文化生活。首先，要以学生为本，积极开展充满时尚和青春活力的文娱活动，想方设法来吸引学生的兴趣和注意力。其次，及时对沉迷网络游戏的学生给予关心和帮助，为他们营造一个积极、健康的学习和生活氛围。最后，学校适度介入网络游戏，最大限度地控制不健康信息的进入，为学生创造一个积极向上、健康有序的网络文化环境。

（三）加大网络监管力度，有效管理网络文化

现代大学生，受世界经济浪潮的影响较深，对新鲜事物的探索和尝试较为积极。但是，由于涉世未深，自我控制能力差，一不小心就会做出违反国家法律

和社会道德的事情。高校可以发挥思想政治教育的优势，引导大学生明是非，辨美丑，不制作、不传播、不散布有害信息，树立良好的网络道德品质，自觉抵制不良文化的侵蚀。

（四）以学生为本，创新高校网络思想政治教育

树立科学发展观，就要尊重大学生的主体意识，以学生为本，通过教育目标、教育过程、教育手段、教育方法的设计，凸显大学生的主体地位，增强其网络主体的自主性和创造性，提高大学生对网络的驾驭能力，在知识积累、能力锻炼的同时，促进大学生的全面健康发展。

二、与校园文化建设有机结合

高校校园文化是以高校的校园为空间，主体是高校的学生、教职员工，主要内容是课余活动，基本形态是多学科、多领域的文化，广泛的交流和特有的生活节奏，具备社会时代发展特点的群体文化。它是社会主义精神文明在高校的具体表现，是一所高校所特有的精神风貌，也是学生政治文明素养、道德品格情操的综合反映。简言之，高校校园文化是以教师为主导，学生为主体的，在特定的校园环境中积淀形成的与社会时代发展密切关联且具备校园自身特色的人文氛围、校园精神和生存环境。

（一）校园文化与学生管理的基本内涵

1. 校园文化的内涵

校园文化是指由全体师生员工在长期的教学实践过程中培育形成的共同遵守的道德标准、价值观念及行为规范。它以学生为主体，以校园为主要空间，以育人为导向，以环境文化、精神文化、行为文化、制度文化建设为主要内容。环境文化是校园文化的基础，主要包括"硬环境"和"软环境"；精神文化是校园文化的灵魂，包括校风、学风、教风、作风等。

2. 学生管理的内涵

学生管理是指高校学生管理工作者通过各种手段，对学生在校期间的学习、

生活和行为进行管理和规范，旨在维护高校正常的教育教学秩序和学生的生活秩序，保障学生身心健康，促进学生德、智、体、美、劳全面发展。

3. 校园文化对学生管理的重要意义

校园文化与学生管理具有密切的关联性。第一，二者目标一致。校园文化与学生管理都以育人为目的，以为社会培养高素质的综合型人才为目标。第二，二者主体一致。校园文化以学生为主体，学生是校园文化建设的参与者与受益者。学生管理同样以学生为主体，学生是学生管理工作的中心。鉴于校园文化与学生管理在提高学生综合素质、培养复合型人才方面的一致性，加强校园文化建设必定可以推动教育管理工作的完善和创新。学生思想和行为内容不断延伸，新的发展时期的教育管理离不开"学生本位"的教育思想。充分发挥学生的主观能动性，对于学校和学生的发展以及校园文化的建设大有裨益。因此，一切为了学生，为了学生的一切，尊重和保护学生的人格和天性等先进的教育理念必须被广大教育管理工作者所接受和运用。校园文化作为一种群体性文化，通过长期的沉淀与升华，形成了人们共同遵循的价值标准、行为规范和崇高追求。而校园文化所具备的导向、陶冶等功能，潜移默化地影响着学生的思想和行为。学生在特定的人文环境的熏陶下成长，形成健康的人生信念和价值追求。

（二）构筑良好的校园环境文化，为高校学生管理提供物质保障

学生管理是以服务学生为根本目的，为学生构筑良好的、有序的校园环境是管理学生的前提。高校校园环境文化包括校园物质文化环境，它是指高校为师生员工学习、工作、生活、娱乐等活动提供的物质条件。高校的物质文化环境是高校校园文化的"硬件"，也是高校学生管理工作的基础环境或基础条件，如果没有良好的校园物质文化环境，高校校园文化就无法健康地发展，高校学生管理工作也会缺乏相应的物质保障。

（三）创建科学的制度文化，促进高校学生管理和谐有序

高校校园文化，是社会整体文化的一部分，必须加以科学引导和规范，因而要创建科学的制度文化。制度文化是校园规范化建设和制度化建设的集中体

现，这要求高校学生管理必须在各种制度、规章的约束下进行，规章制度对教师教学行为的约束、对学生行为规范的养成、对校园健康向上氛围的形成有着很大的促进作用，这也将促进高校学生管理和谐有序地开展。

（四）校园文化建设促进学生管理工作的基本途径

1．加强校园环境文化建设，提升服务学生能力

校园环境文化可称为校园物质文化，与精神文化相对。它是校园文化中的基础系统，是校园文化建设的前提，是精神文化的有效载体和实现途径，也是校园文化的直观体现。

（1）重视校园"硬环境"的建设。

所谓"硬环境"，又称物质环境，主要包括校园建筑、校园景观、教学设施、体育文娱设施及周边环境等，这些能看得到、摸得着的实体无不反映学校的教育理念和精神风貌，物质环境是开展育人活动不可或缺的基础和物质保障。

（2）重视校园"软环境"的建设。

"软环境"是相对"硬环境"的一个概念，也是一种精神环境，主要包括校园内的人际氛围、舆论氛围等。人际氛围主要指校园内的各类人际关系，包括教师与学生、学生与学生、教师与教师、领导与教师之间多层次的人际关系。每个人都不是孤立存在的个体，高校学生所有的学习和娱乐活动都是在与人交往的过程中实现的，大学是个小社会，社会交往是大学生社会化的根本途径。

2．加强校园精神文化建设，营造和谐育人氛围

（1）重视传统教育。

中华优秀传统文化是中华民族的根基和血脉，也是大学生身心成长的指路明灯。高校教育工作者要坚持"取其精华，弃其糟粕""传承与创新相结合"等原则，通过各类教学和文化活动，如实践教学、演讲比赛、征文大赛、文艺会演等活动形式，传播优秀的传统文化、自强不息的进取精神等。同时，深刻挖掘学校的文化底蕴和历史传统，讲清楚学校的历史和文化，使学生感受到学校的魅力所在，从而激发学生的自尊心、自信心以及爱国、爱校情怀。学生管理工作者只有本着与时俱进的原则，融入先进的教育理念，方能不断深化校园精神文化。在

优秀传统文化熏陶成长下的学生，更易于塑造健全的人格、培养高尚的品格，这与学生管理工作的目标相一致。

（2）加强校风建设。

校风即学校的风气，是一所学校鲜明的个性特征，它体现在全体师生的精神风貌上。校风是一个多层次、多要素的动态系统结构，涵盖教风、学风、作风、班风等各类校园风气。良好的校风有利于学生思想品德、道德情操、行为习惯的形成。因此，校风建设是育人的关键环节。教师是人类心灵的工程师，加强师德建设、提高教师的业务素质有利于形成良好的教风。良好的教风对学生汲取知识、培养能力意义重大。班级是学生获取知识和提高素养的主要场所。和谐、向上的班集体对学生的学习兴趣、道德品质、行为习惯和良好学风的形成有促进作用。为加强班风建设，首先要对班级日常管理进行严格要求，用制度来约束学生言行；其次要营造浓厚的学习氛围，通过互帮互助、嘉奖优秀等方式激发学生的学习动力，培养学生良好的学习习惯，使每个学生都能成为群体的典范。此外，宿舍是学生生活起居的唯一场所。良好的舍风有利于学生养成好的生活习惯，如早起早睡、勤奋上进、锻炼身体、读书看报等。好的生活习惯对于学生进入社会、成家立业有着长远、深刻的影响。为加强舍风建设，需要严格宿舍制度，对于不遵守宿舍制度的学生加以管教和约束。还要发挥学生干部的榜样作用，带动普通学生养成健康的生活习惯。

3. 加强校园制度文化建设，建立完善规章体系

（1）完善规章制度体系。

校园规章制度是全体师生共同遵守的行为准则。对于学生来说，规章制度犹如一面镜子，时刻提醒学生正其观、端其行，避免违反纪律、误入歧途；对于学校来说，规章制度是学校文明的标志，学校力求在育人实践中加强"制度化、科学化、规范化"的管理，努力使各项工作有章可循。严格的规章制度能保证教学工作的顺利推进，是学生成才的重要保证。因此，建立和完善科学的规章制度体系尤为重要。

（2）提高规章制度执行力。

学生管理工作以学校各项规章制度为依据，规章制度的执行力影响着学生

管理工作的成败。科学的规章制度是学校各项工作开展的保障，但若有令不行、有章不循、有错不罚，则再好的规章制度也只是纸上谈兵。所以，提高规章制度的执行力是保障各项制度落到实处的根本途径。

参考文献

[1] 戴月舟. 新时代高校教育管理与创新研究 [M]. 汕头：汕头大学出版社, 2022.

[2] 丁兵. 当代高校教育管理研究 [M]. 西安：西北工业大学出版社, 2019.

[3] 单林波. 高校教育管理体系构建研究 [M]. 北京：首都师范大学出版社, 2022.

[4] 冉启兰. 教育管理理念与思维创新 [M]. 长春：吉林出版集团股份有限公司, 2020.

[5] 陈艳. 教育管理的理论探索与研究 [M]. 延吉：延边大学出版社, 2022.

[6] 李晓雯. 高校教育管理的理论探索与探究 [M]. 长春：吉林人民出版社, 2021.

[7] 陈东梅. 新时代高校教育发展路径的研究 [M]. 北京：北京工业大学出版社, 2023.

[8] 张燕, 安欣, 胡均法. 现代高校教育管理与教学创新研究 [M]. 天津：天津科学技术出版社, 2023.

[9] 郝福锦. 大数据技术在高校教育管理中的应用研究 [M]. 北京：中国原子能出版社, 2022.

[10] 刘苗, 赵其勉, 杨蓓. 大数据时代高校学生教育管理工作的创新研究 [M]. 长春：吉林出版集团股份有限公司, 2022.

[11] 刘鑫军, 孙亚东. 互联网时代高校教育管理模式改革与实践研究 [M]. 长春：吉林人民出版社, 2021.

[12] 卢保娣. 大数据时代高校教育管理及其信息化建设 [M]. 长春：吉林大学出版社, 2021.

[13] 牛国林，王记生，胡冰君 . 高校管理创新实践研究 [M]. 长春：吉林文史出版社，2021.

[14] 刘思延，张潍纤，郑莹 . 高校教育教学管理实践与创新发展 [M]. 哈尔滨：哈尔滨出版社，2021.

[15] 姚丹，孙洪波 . 高校教育信息化管理与学生管理工作 [M]. 北京：中国纺织出版社有限公司，2021.

[16] 范良辰 . 大数据环境下高校教育管理信息化改革研究 [M]. 北京：中国原子能出版社，2022.

[17] 王栋梁 . 新时代高校网络育人研究 [M]. 长春：吉林大学出版社，2023.

[18] 王春宝，张永越 . 高校学生管理创新理念研究 [M]. 北京：中国商务出版社，2023.

[19] 梁丽肖 . 教育信息化背景下高校管理机制探究 [M]. 长春：吉林人民出版社，2021.